IL M'AI
LUI AUSSI !

LES MERCREDIS DE

CORINNE ET JEANNOT

ALBUM N°6

CADEAUX MAUDITS

Texte et dessins TABARY
Mise en couleurs Nicolas Tabary

VOIR PAGE 13

EDITIONS TABARY

B.P. 10 - 17250 Pont l'Abbé d'Arnoult - Tél. 05 46 97 05 55 - Fax 05 46 97 10 41

JEANNOT FAIT LE SINGE.

CORINNE SE LANCE DANS L'INFORMATIQUE! JE VEUX VOIR ÇA! DOUÉE COMME ELLE EST...
ALORS CORINNETTE ÇA MARCHE TES PETITES AFFAIRES?
TRÈS BIEN! REGARDE DERRIÈRE TOI, JEANNOT!
GRMMFF!
HAHAH!
CKROUHIiii!
N'AIE PAS PEUR JEANNOT, C'EST UN PERSONNAGE VIRTUEL!
AU SECOURS!!
SORS-MOI DE LÀ CORINNE! AU SECOURS!
OUI, OUI, TOUT DE SUITE JEANNOT!!
CLIC!
CLIC!
CLAC!
TIC!
TAC!
PIC!
VITE CORINNE! AAAAAHH!!
JE ME DÉPÊ-CHE JEANNOT! JE ME DÉPÊ...
GRMFFF!
GMFF
TAC
TIC
CLAC
CLIC
ET VOILÀ JEANNOT! IL A DISPAR... MAIS?!
FZZZZ!
JEANNOT A DISPARU LUI AUSSI!?!
JE SUIS LÀ CORINNE! AU SECOURS!
À MOI!!! CORINNE!!
MON DIEU! IL EST DANS L'ÉCRAN!!
JE SUIS FOUTU! ADIEU CORINNE!
MAIS NON! JE VAIS TE SOR-TIR DE LÀ! IL SUFFIT DE...
TIC TAC TOC!
TAC TAC!
CLIC CLIC
COUCOU CORINNE! JE SUIS REVENU! BRAVO!
YOUPiii!
HAHAA

JEANNOT FAIT TOUJOURS LE SINGE !

T'AS VU TES MAINS? TES PIEDS?! VITE! IL FAUT RECOMMENCER!
HEIN?! MAIS?!
AÏE! JE SUIS ENCORE AVEC LE SINGE CORINNE!!!
FZZZZ
TCHAC! CLAC
CLIC!
IL ME PREND DANS SES BRAS... IL ME FAIT LA BISE...
JE TENTE ENCORE LE COUP! REVIENS JEANNOT!
TAC!! CLIC! TCHAC!
PARFAIT CORINNE! REGARDE...
OH NON!
BAH!? POURQUOI TU FAIS CETTE TÊTE CORINNE? MES MAINS ET MES PIEDS SONT REDEVENUS NORMAUX!
MON DIEU!
UN DERNIER ESSAI...
SURTOUT QUE LE SINGE NE TE TOUCHE PAS JEANNOT!
TIC! TOC! TAC
ALLEZ! JE FAIS LE TRANSFERT!
OUF! ÇA A MARCHÉ! EXCUSE-MOI JEANNOT, MAIS JE NE PEUX PAS FAIRE MIEUX!
MAIS JE SUIS COMME AVANT CORINNE!
FAIS VOIR? OUI, CE SONT BIEN TES OREILLES DÉCOLLÉES, TA TÊTE EN FORME DE CITROUILLE, TON SOURIRE DE CRAPAUD, TES CHEVEUX HIRSUTES, TON VENTRE DIFFORME, TES...
BON! BON! ÇA VA! ÇA VA!
FINALEMENT JE TE PRÉFÉRAIS EN SINGE JEANNOT!
AU FAIT CORINNE... ET... ET SI J'ÉTAIS DEVENU UN PERSONNAGE VIRTUEL?
TU AS RAISON... IL FAUT VÉRIFIER ÇA TOUT DE SUITE JEANNOT! NE BOUGE PAS!
JE... JE NE BOUGE PAS.
HMMMF!
PLAF!
?
ÇA T'A FAIT MAL JEANNOT?
BIEN SÛR QUE ÇA M'A FAIT MAL! TRÈS MAL MÊME! T'ES FOLLE OU QUOI?
2
EH BIEN ÇA VEUT DIRE QUE TU N'ES PAS UN PERSONNAGE VIRTUEL!...
?
... LES PERSONNAGES VIRTUELS SONT INSENSIBLES À LA DOULEUR!

MÊME À NOËL LES CADEAUX SONT MAUDITS !

C'EST POUR CORINNE, C'EST SON CADEAU DE NOËL, DE MOI À ELLE... VOUS VOULEZ SAVOIR CE QU'IL YA DANS CETTE BOITE?
IL YA : UN CAMEMBERT TRÈS TRÈS FAIT, POUR NE PAS DIRE DÉFAIT, UN POT DE CRÈME FRAÎCHE PAS FRAÎCHE DU TOUT, ET PAS DANS LE POT, EN VRAC! DU MIEL LIQUIDE ET RANCE! ET BIEN D'AUTRES METS TOU AUSSI AVARIÉS...
... LE TOUT EST POSÉ SUR UN RESSORT PRESSÉ À L'EXTRÊME... DÈS QU'ELLE OUVRIRA LA BOITE ...... AMUSANT, NON?
VOILÀ CORINNE, EH, VOUS AVEZ VU? ELLE A UN MANTEAU NEUF! HI, HI, HI! ÇA VA ÊTRE ENCORE PLUS DRÔLE!
OH! C'EST POUR MOI JEANNOT? MERCI! MERCI!
ALLEZ, VAS-Y, OUVRE-LE QU'ON RIGOL... ENFIN, QU'ON VOIT...
PSSSST... ATTENTION, C'EST LE MOMENT...
BEN MINCE ALORS?...
JE N'ARRIVE PAS À L'OUVRIR, TU NE VEUX PAS ESSAYER JEANNOT?
HEIN? T'ES FOLLE TOI! C'EST... C'EST TON CADEAU! DÉBROUILLE-TOI!
ÇA NE FAIT RIEN, JE VAIS DEMANDER À L'AGENT BODART QUI ARRIVE LÀ-BAS!
À QUI?!!
C'EST MON AMI JEANNOT QUI M'A OFFERT UN CADEAU POUR NOËL ET JE N'ARRIVE PAS À L'OUVRIR...
IL S'AMENDE ENFIN CE VOYOU?! TANT MIEUX! CAR À LA PROCHAINE INCARTADE JE LE FAIS METTRE EN MAISON DE CORRECTION! DONNE, JE VAIS T'OUVRIR ÇA!
NOOON! TANT PIS! JE VAIS L'OUVRIR!
MAIS?... MAIS!? JE N'Y ARRIVE PAS MOI NON PLUS! C'EST... C'EST COINCÉ?!...
MAIS DONNE DONC JEUNE AMI, PUISQUE JE TE DIS QUE JE VAIS TE L'OUVRIR MOI!
AH... AH... ÇA VIENT... ÇA VIENT... ON VA VOIR LE BEAU CADEAU!
JE ME RÉSIGNE DEVANT LA FATALITÉ... SOUHAITEZ-MOI TOUT DE MÊME UN JOYEUX NOËL. JE ME DEMANDE SI ON RÉVEILLONNE DANS LES MAISONS DE CORRECTION? SINON, ENVOYEZ-MOI UN PETIT COLIS...
3

CORINNE AUTEUR DRAMATIQUE...

TU VIENS JOUER JEANNOT?
AVEC TOI? PAS QUESTION! ÇA SE TERMINE TOUJOURS EN CATASTROPHE!.. POUR MOI BIEN SÛR!
NON, JE PRÉFÈRE RESTER LÀ, ASSIS MOLLEMENT SOUS LES CHAUDS RAYONS DU SOLEIL...HMM... JE SUIS BIEN... JE SENS QUE JE VAIS M'ENDORMIR...
À TON ÂGE TU N'AS PAS HONTE DE DORMIR SUR LE TROTTOIR COMME UN...
C'EST ÇA PETITE CORINNETTE, PARLE, PARLE... HMM... TON VERBIAGE ME BERCE ET M'ENDORT... RÔÔÔÔ... BZZZZ...
C'EST POURTANT VRAI QU'IL S'EST ENDORMI...
J'AI UNE IDÉE...
RÔÔÔÔ... BZZZZ!... RÔÔÔ
IL DORT TOUJOURS...
RÔÔÔÔ BZZZZ... RÔÔO
ET VOILÀ! À PRÉSENT ALLONS PRÉVENIR L'AGENT BODART!
CE N'EST PAS POSSIBLE! JE NE TE CROIS PAS! PAS À SON ÂGE! PAS DÉJÀ!!
MAIS SI! TOUT Y EST! LE LITRE DE ROUGE! LE QUIGNON DE PAIN! L'ODEUR! LES PUCES! CE RASCAL EST VRAIMENT UN ÊTRE HORS DU COMMUN!
LE PLUS DIFFICILE ÇA A ÉTÉ POUR TROUVER LES PUCES!
RÔÔÔON... BZZZZ ?
Je sui un pauvr orfelin
DEBOUT CLOCHARD!
?
CRiii
CRiii
à vot' Bon Cœur m'sieurs Dames

JEANNOT SUR LA CORDE RAIDE.

QUOI QU'ON DISE LES FILLES SONT TRÈS IMPRESSIONNÉES PAR UN MEC HABILLÉ EN COW-BOY! ET CORINNE N'ÉCHAPPE SÛREMENT PAS À CE PHÉNOMÈNE!...
FRUITS
COUCOU! SALUT COW-BOY!
NE RECOMMENCE JAMAIS ÇA PETITE... JE POURRAIS ME FÂCHER... O.K?
ELLE VA RECOMMENCER! JE VAIS LUI MONTRER QU'EN COW-BOY JE NE SUIS PAS LE MÊME HOMME! JE VAIS MÊME LA NARGUER EN LÂCHANT DE LA CORDE... HI, HI, HI! JE LA SENS QUI FRICOTE DERRIÈRE MOI...
...AU MOMENT OÙ ELLE POSERA LE PIED DESSUS C'EST À DIRE À LA SECONDE MÊME OÙ LA CORDE SE TENDRA JE M'EN VAIS TE LUI FAIRE PRENDRE UNE DE CES BÛCHES...
ÇA Y EST LA CORDE SE TEND... ATTENTION...
RÂÂÂÂ!!
BOUM! BADA BOUM!
CRAC!
FRUITS
5

...POUR JEANNOT LE DRAME CONTINUE...

JEANNOT, TU SAIS LE COUP DE L'AUTRE JOUR OÙ J'AVAIS FAIT DE TOI UN MENDIANT? EH BIEN ÇA M'A DONNÉ UNE AUTRE IDÉE!
JE SAIS! JE NE ME SUIS PAS ENCORE DÉBARRASSÉ DES PUCES! ET QUEL RÔLE JE JOUE DANS CETTE AUTRE IDÉE?
CELUI D'ENCAISSEUR!
COMMENT? IL VA FALLOIR ENCORE QUE J'ENCAISSE?!
LAISSE-MOI T'EXPLIQUER. J'AI CONFECTIONNÉ UN MENDIANT INFIRME DE PARTOUT ET JE L'AI INSTALLÉ JUSTE DEVANT LA BANQUE...
J'AI COMPRIS! ET C'EST À MOI QUE TU CONFIES LA TÂCHE D'ALLER VIDER LA SÉBILE DE TEMPS EN TEMPS...
EXACTEMENT! ET TU TOUCHERAS 10% DE LA RECETTE! TU ES D'ACCORD?
C'EST DU VOL! JE NE MARCHE PAS! ET JE VAIS DE CE PAS TE DÉNONCER À LA POLICE ET DÉTRUIRE TON MENDIANT!!
VRAI?
J'ÉTAIS SÛRE QU'IL RÉAGIRAIT AINSI, ÇA VA ÊTRE AMUSANT DE LE VOIR MALTRAITER UN VRAI MENDIANT DEVANT UN AGENT... CAR JE N'AI RIEN CONFECTIONNÉ DU TOUT.
JE VOUS DIS ET JE VAIS VOUS LE PROUVER MONSIEUR L'AGENT QUE CE MENDIANT EST UN FAUX MENDIANT INSTALLÉ ICI PAR...
?
AVEUGLE-SOURD MUET-MANCHOT CUL DE JATTE SANS PENSION
REGARD...
HÈ?!
?
!
BRAVO PETIT! TOUTES MES FÉLICITATIONS! GRÂCE À TOI UN ESCROC EST DÉMASQUÉ! ET JE TE JURE QUE SI UN JOUR PAR HASARD JE LE RATTRAPE...
6
PEU APRÈS...
C'EST BIEN LA PREMIÈRE FOIS CORINNE QU'UNE DE TES BLAGUES SE TERMINE À MON AVANTAGE.
ELLE N'EST PEUT-ÊTRE PAS TERMINÉE, JEANNOT.
CE PETIT MOUCHARD VA RECEVOIR UNE DE CES RATATOUILLES!

UN TÉLÉPATHE QUI SE SAUVE À TOUTES PATTES !

SAIS-TU CORINNE QUE JE SUIS CAPABLE DE TE FAIRE FAIRE MES QUATRE VOLONTÉS!
TOI?! LAISSE-MOI RIRE ET LE LECTEUR AVEC!
EH BIEN FIXE-MOI DANS LES YEUX SEULEMENT TROIS MINUTES ET TU VERRAS!
HA!HA!HA! TU VEUX M'HYPNOTISER? MON PAUVRE JEANNOT, MAIS POUR CELA IL FAUT UNE VOLONTÉ SUPÉRIEURE À CELLE DU SUJET! OR, C'EST BIEN CONNU, TU N'AS AUCUNE VOLONTÉ!
DOOOORS!... JE LE VEUX!...
HA! HA! HA! COMME TU ES DRÔLE MON PE...
ARRÊTE JEANNOT! JE... JE...
HA!HA! TU AS PEUR PETITE CORINNETTE! UNE SECONDE DE PLUS ET TU ÉTAIS SOUS MON POUVOIR!
J'AI SURTOUT PEUR QU'UNE FOIS ENDORMIE TU ME FASSES FAIRE DES BÊTISES! IL FAUDRAIT UN TÉMOIN.
TIENS, VOILÀ JUSTEMENT MAXIME D. LE COSTAUD, IL VA NOUS SERVIR DE TÉMOIN!
... BON, TU AS BIEN COMPRIS MAXIME D. ?!?
JE NE SUIS PAS IDIOT TU VAS L'ENDORMIR ET ELLE FERA TOUT CE QUE TU VOUDRAS!
JE SUIS ENCORE EN TRAIN DE LUI PRÉPARER UN SUPER MAUVAIS TOUR! À CE DÉBILE PRÉTENTIEUX! IL NE SE DOUTE DE RIEN!
DOOOOOOORS!... JE LE VEUX!
?
MAINTENANT PAR TÉLÉPATHIE JE TE TRANSMETS MES ORDRES...
DE CERVEAU À CERVEAU JE LUI DONNE L'ORDRE DE M'EMBRASSER.
?
PLAF!
?
?!?
PLOF!
MAIS?...MAIS?
ELLE A TRICHÉ MAXIME D! C'ÉTAIT PAS MES ORDRES! JE SUIS SÛR QU'ELLE A TRICHÉ! JE... JE...
IL SE SAUVE À TOUTES PATTES, LE TÉLÉPATHE! HA!HA!HA!
MOI, JE NE VAIS PAS TRICHER! JE VAIS T'ENDORMIR POUR DE VRAI!
7

...JEANNOT ACTEUR DRAMATIQUE.

VU TON EXPLOIT DE L'AUTRE JOUR POUR DÉMASQUER L'ESCROC À LA MENDICITÉ JE TE PRENDS COMME ADJOINT!
À VOS ORDRES CHEF!
VOILÀ UNE PAIRE DE MENOTTES. JE TE CHARGE D'ARRÊTER UN JEUNE VOYOU QUI SÉVIT DANS LE QUARTIER! VOICI SON SIGNALEMENT: PETIT, CHEVEUX NOIRS HIRSUTES, TÊTE EN FORME DE CITROUILLE, TÂCHES DE ROUSSEUR, VESTE VERTE SUR UN PANTALON VIOLET RETENU PAR UNE FICELLE, DES CHAUSSETTES TOMBANT SUR DES...
J'Y VAIS, CHEF!
CET IMBÉCILE N'A PAS COMPRIS QUE C'EST LUI QUE JE DÉCRIVAIS! JE SUIS IMPATIENT DE VOIR QUI IL VA ARRÊTER!
CORINNE, L'AGENT BODART M'A PRIS COMME ADJOINT! IL M'A MÊME DONNÉ DES MENOTTES! HA! HA! HA! TU AS INTÉRÊT À TE TENIR TRANQUILLE!
DES MENOTTES? FAIS VOIR, J'EN AI JAMAIS VU...
DIS JEANNOT, COMMENT ON LES MET? C'EST PASSIONNANT...
COMME ÇA... C'EST TOUT BÊTE...
CLIC!
VOILÀ! ET ALORS, POUR LE MALFAITEUR C'EST TERRIBLE CORINNE! CAR, PLUS TU ESSAIES DE LES ENLEVER PLUS ELLES SE RESSERRENT!
FORMIDABLE! ET POUR LES ENLEVER COMMENT ON FAIT?
JE TE VOIS VENIR... TU CROIS QUE... EH BIEN NON, POUR LES ENLEVER RIEN DE PLUS FACILE, IL SUFFIT DE PRENDRE LA...
HEU... J'AI OUBLIÉ DE DEMANDER LA CLÉ À MON CHEF (ET AMI) L'AGENT BODART... JE REVIENS TOUT DE SUITE CORINNE!
DITES DONC CH...
BRAVO! TU T'ES TOUT DE MÊME RECONNU RASCAL!!? CHAPEAU! DONC, TU RECONNAIS ÊTRE LE VOYOU DU QUARTIER!?
8
EH BIEN, EN ROUTE POUR LA PRISON! JE DIRAI AU JUGE DE TENIR COMPTE DE TON "FAIR PLAY"
HEIN?! MAIS? QUE... QUOI?! HÉ!

CADEAUX MAUDITS !

CE MOIS-CI J'AI TRAVAILLÉ DUR POUR ÊTRE PREMIER EN PHYSIQUE ET EN CHIMIE (JE N'AI PAS RÉUSSI, LE MOIS D'AVANT J'ÉTAIS DERNIER CETTE FOIS JE SUIS AVANT DERNIER.) VOUS NE DEVINEZ PAS POURQUOI ?
PARCE QUE C'EST PÂQUES! LES ŒUFS DE PÂQUES! NON?... VOUS NE VOYEZ TOUJOURS PAS?
MES NOUVELLES CONNAISSANCES SCIENTIFIQUES M'ONT PERMIS DE TRANSFORMER CET ŒUF DE PÂQUES DÉLICIEUX EN MACHINE INFERNALE! QUE JE VAIS OFFRIR À CORINNE! HÉ, HÉ! À CHACUN SON TOUR DE FAIRE DES BLAGUES, NON?!
ÇA NE PEUT PAS RATER! IL SUFFIT SIMPLEMENT D'APPUYER PAR INADVERTANCE SUR CE PETIT BOUTON...
BON, JE VAIS OFFRIR À JEANNOT COMME CHAQUE ANNÉE LE TRADITIONNEL ŒUF DE PÂQUES.
BROUM
?
???
C'EST... C'EST RIEN CO... CO... CORINNE, UN PEU DE SUIE... J'AI APPUYÉ PAR INADVERTANCE SUR UN PETIT BOU... BOUTON... QUE ME VAUT LE PLAISIR DE TA VISITE?..
BAH! JE T'APPORTE COMME TOUS LES ANS LE TRADITIONNEL ŒUF DE PÂQUES.
VRAI!? OH MERCI, MERCI CORINNETTE! ET MOI QUI... JE SUIS UN MONSTRE CORINNE! MAIS TU... TU NE PEUX PAS COMPRENDRE...
ELLE EST DÉJÀ PARTIE? MOI QUI VOULAIS LUI OFFRIR UN CHOCOLAT... CHOUETTE COPINE, ET MOI QUI ALLAIS... ENFIN, J'AI ÉTÉ BIEN PUNI...
BROUM
ET VOILÀ! COMME TOUS LES ANS ÇA A MARCHÉ!
MAIS ENFIN, QUOI!? TONNERRE DE TONNERRE! POURQUOI CETTE CORINNE N'EST JAMAIS PUNIE, ELLE?!! C'EST PAS JUSTE À LA FIN!!
9

JEANNOT SAURA-T-IL SE TENIR À TABLE ?!

CORINNE, POURQUOI TU NE M'INVITES JAMAIS À DÉJEUNER?
PARCE QUE JE TE CONNAIS TU MANGES TROP! ET QU'IL ME SERAIT IMPOSSIBLE DE TE RASSASIER!
DÉTROMPE-TOI, JE SUIS AU CONTRAIRE UN PETIT MANGEUR, SURTOUT QUAND ON M'INVITE!
POURQUOI? QUAND ON T'INVITE TU AS PEUR DE TE FAIRE EMPOISONNER?
MAIS NON, AU CONTRAIRE, C'EST PAR POLITESSE, J'AI DE L'ÉDUCATION, QU'EST-CE QUE TU CROIS?
EH BIEN C'EST D'ACCORD! JE T'INVITE, VIENS DÉJEUNER DEMAIN À MIDI!
TU... TU M'INVITES À DÉJEUNER CORINNE? OH! MERCI, MERCI! TU VERRAS, JE NE MANGERAI PAS TROP!
ÇA VA ÊTRE FORMIDABLE JEANNOT!
LE LENDEMAIN...
BON, J'Y VAIS! SI J'APPORTE UN GÂTEAU ELLE VA ME PRENDRE POUR UN GOINFRE! LE MIEUX C'EST LE BOUQUET DE FLEURS!
L'AIR DE RIEN JE VAIS TOUT DE MÊME BIEN MANGER! J'AI UNE DE CES FAIMS! JE NE SUIS PAS BOUBOULE MAIS J'AI TOUT DE MÊME UN BON COUP DE FOURCHETTE! HI, HI, HI!!
TIENS, TU AS APPORTÉ UNE SALADE? CE N'ÉTAIT PAS UTILE, IL Y A CE QU'IL FAUT, MERCI TOUT DE MÊME.
U...U... UNE SALADE? MAIS CE SONT DES FLEURS, CORINNE...
VOILÀ CE QUE J'AI FAIT À MANGER, D'ABORD, ASSIETTE ANGLAISE SUIVIE D'UNE SOLE MEUNIÈRE, APRÈS UNE PINTADE, SALADE FROMAGE ET DESSERT!
HMM... ÇA M'A L'AIR RUDEMENT BON TOUT ÇA, J'AI UNE DE CES FAIMS! ... ENFIN, UNE FAIM NORMALE!
ALORS TOI TU SERAS LE PÈRE, MOI LA MÈRE ET MA POUPÉE SERA NOTRE FILLE! SI ELLE NE VEUT PAS MANGER TU LA GRONDES!
OUAIS! OUAIS! N'IMPORTE QUOI! MAIS À TABLE!
HÉ! FAIS ATTENTION! UN PEU PLUS TU MARCHAIS SUR LA TABLE!
LA TABLE? QUELLE TABLE?
COMMENT QUELLE TABLE? MAIS LA NÔTRE PARDI!!
?!?!
10

UN PETIT DÉFOULOIR POUR TOUS !

AVEC DES COPINES, J'AI FABRIQUÉ UN GADGET POUR LE N° 1000 DE PIF GADGET ! Mlle LA DIRECTRICE.
SACRÉE CORINNE ! CE N'EST PAS UN GADGET ! C'EST JEANNOT EN POUPÉE, TRÈS RESSEMBLANT, D'AILLEURS.
NOUS L'AVONS APPELÉ "JEANNOT LE PETIT DÉFOULOIR" !
C'EST UN GADGET POUR FILLE ! IL EST BOURRÉ D'ÉLECTRONIQUE ! VOUS ALLEZ VOIR...
SI UN GARÇON VOUS ÉNERVE, ET QU'ON N'OSE PAS LUI TAPER DESSUS ! PAF ! UN GRAND COUP SUR LA TÊTE DU PETIT DÉFOULOIR !
AÏE !!!
?
PAF !
AÏE !
REGARDEZ LA BOSSE ! L'EXPRESSION ! ÇA SOULAGE, NON ?
UN PROF VOUS HUMILIE ! GRRR !... VOUS AIMERIEZ LE !...
OUÏE !
OUÏE !
BOUM !
C'EST AFFREUX !
ON PEUT AUSSI LUI CASSER LES BRAS, LES JAMBES !...
HOULALA ! HOUYOUIE ! AÏE !
IL A UN ÉCHO TON GADGET !
HOULALA ! HOUYOUIE ! AÏE !!!
NON ! ÇA, C'EST AU CAS OÙ VOUS NE VOUDRIEZ PAS DE MON GADGET !
CE... CE N'EST PAS POSSIBLE !!!
HAAAA !
VOUS PENSEZ QUE ÇA REVIENDRAIT TROP CHER ? POURTANT, IL EST INUSABLE ! IL SUFFIT D'APPUYER SUR UNE TOUCHE... ET HOP ! IL EST TOUT NEUF !
Y'EN A MARRE !...
TABARY
MAIS CE QUE TU ME PROPOSES, CORINNE, EST MONSTRUEUX ! IMMORAL ! "UN PETIT DÉFOULOIR" ! C'EST !... C'EST...
... C'EST PAS GRAVE ! DE TOUTE FAÇON, NOUS AVONS TOUJOURS NOTRE "GRAND DÉFOULOIR"...
... ÇA FAIT DES ANNÉES QUE JE NE SUIS PLUS DANS CE JOURNAL ! ON M'INVITE POUR LE N° 1000...
... ET TOUT DE SUITE, ÇA RECOMMENCE !!! QUI A MIS UNE GAMELLE AU-DESSUS DE LA PORTE !? UNE PEAU DE BANANE DANS L'ESCALIER !? ET DE L'ÉLECTRICITÉ DANS LA RAMPE !?...
CHÛÛT ! NE LUI DITES PAS QUE JE SUIS ARRIVÉE ! IL VA ENCORE S'IMAGINER DES CHOSES !

L'AMOUR AVEUGLE DE JEANNOT.

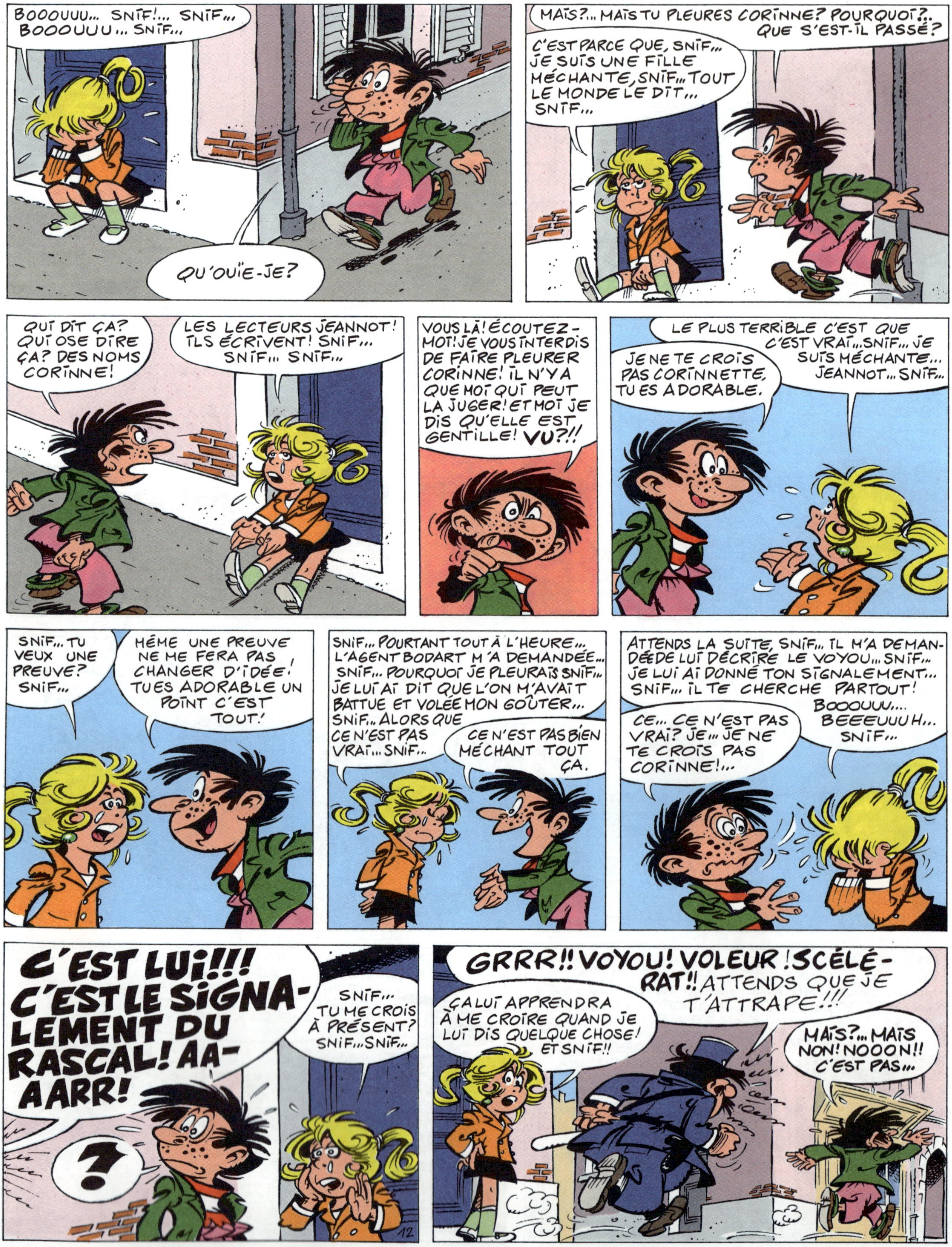

BOOOUUU... SNIF!... SNIF... BOOOUUU... SNIF...
QU'OUIE-JE?
MAIS?... MAIS TU PLEURES CORINNE? POURQUOI?.. QUE S'EST-IL PASSÉ?
C'EST PARCE QUE, SNIF... JE SUIS UNE FILLE MÉCHANTE, SNIF... TOUT LE MONDE LE DIT... SNIF...
QUI DIT ÇA? QUI OSE DIRE ÇA? DES NOMS CORINNE!
LES LECTEURS JEANNOT! ILS ÉCRIVENT! SNIF... SNIF... SNIF...
VOUS LÀ! ÉCOUTEZ-MOI! JE VOUS INTERDIS DE FAIRE PLEURER CORINNE! IL N'Y A QUE MOI QUI PEUT LA JUGER! ET MOI JE DIS QU'ELLE EST GENTILLE! VU?!!
JE NE TE CROIS PAS CORINNETTE, TU ES ADORABLE.
LE PLUS TERRIBLE C'EST QUE C'EST VRAI... SNIF... JE SUIS MÉCHANTE... JEANNOT... SNIF...
SNIF... TU VEUX UNE PREUVE? SNIF...
MÊME UNE PREUVE NE ME FERA PAS CHANGER D'IDÉE! TU ES ADORABLE UN POINT C'EST TOUT!
SNIF... POURTANT TOUT À L'HEURE... L'AGENT BODART M'A DEMANDÉE... SNIF... POURQUOI JE PLEURAIS SNIF... JE LUI AI DIT QUE L'ON M'AVAIT BATTUE ET VOLÉE MON GOÛTER... SNIF... ALORS QUE CE N'EST PAS VRAI... SNIF...
CE N'EST PAS BIEN MÉCHANT TOUT ÇA.
ATTENDS LA SUITE, SNIF... IL M'A DEMANDÉ DE LUI DÉCRIRE LE VOYOU... SNIF... JE LUI AI DONNÉ TON SIGNALEMENT... SNIF... IL TE CHERCHE PARTOUT!
CE... CE N'EST PAS VRAI? JE... JE NE TE CROIS PAS CORINNE!...
BOOOUUU... BEEEUUUH... SNIF...
C'EST LUI!!! C'EST LE SIGNALEMENT DU RASCAL! AAAARR!
?
SNIF... TU ME CROIS À PRÉSENT? SNIF... SNIF...
12
GRRR!! VOYOU! VOLEUR! SCÉLÉRAT!! ATTENDS QUE JE T'ATTRAPE!!!
ÇA LUI APPRENDRA À ME CROIRE QUAND JE LUI DIS QUELQUE CHOSE! ET SNIF!!
MAIS?... MAIS NON! NOOON!! C'EST PAS...

CORINNE, MA COPINE DE RÊVES !

QUE FAIS-TU JEANNOT?
JE M'ENTRAÎNE EN SECRET DANS UN BUT PRÉCIS!
AU FAIT, COMBIEN TU PÈSES CORINNE?
JUSTE 24 KILOS POURQUOI?
POUR RIEN, POUR SAVOIR...
COMBIEN TU SOULÈVES, LÀ?
J'EN SUIS À 10 KILOS!
TU SAIS QUE SI TU VEUX, TU PEUX SOULEVER 100 KILOS TOUT DE SUITE, IL Y A UN TRUC...
COMMENT ÇA?
TU RAJOUTES UN ZÉRO SUR CHAQUE DISQUE! HA!HA!HA!
TRÈS MALIN! RIRA BIEN QUI RIRA LE DERNIER!
HA!HA!HA! TU N'ES PAS BIEN COSTAUD! QUE D'EFFORTS POUR SOULEVER 10 KILOS!
J'EN SUIS À 14 KILOS! PETIT À PETIT J'EN RAJOUTE, PATIENCE, PATIENCE...
TU N'ES PAS TRÈS BEAU EN MAILLOT DE CORPS JEANNOT! PLUTÔT MAIGRELET LE GARS!
PARLE TOUJOURS MIGNONNE! PARLE TOUJOURS! J'EN SUIS À 18 KILOS!
MAIS ENFIN JEANNOT LEVER DES POIDS AU-DESSUS DE SA TÊTE C'EST IDIOT ET INUTILE!
DANS MON CAS CE N'EST PAS INUTILE CORINNE! J'EN SUIS À 20 KILOS! ET PUIS TIENS, JE TENTE 24 KILOS! JE RISQUE...
VICTOIRE CORINNE! J'AI RÉUSSI 24 KILOS!!
BRAVO, JEANNOT!... BRAVO!
MAINTENANT GROS MALIN PEUX-TU ME DIRE À QUOI VA TE SERVIR LE FAIT DE SOULEVER 24 KILOS AU-DESSUS DE TA TÊTE?
JE VAIS TE LE DIRE CORINNETTE, MAIS JE VAIS SURTOUT TE LE MONTRER!
CELA ME SERVIRA À TE JETER DEHORS CHAQUE FOIS QUE TU M'EMBÊTERAS! COMME AUJOURD'HUI PAR EXEMPLE!!
13
JEANNOT POUR LA PREMIÈRE FOIS AURAIT-IL GAGNÉ CONTRE CORINNE?
J'AI FAIT UN RÊVE MERVEILLEUX... JE GAGNAIS CONTRE CORINNE! MAIS CE N'ÉTAIT QU'UN RÊVE...

UN CADEAU INUTILE !

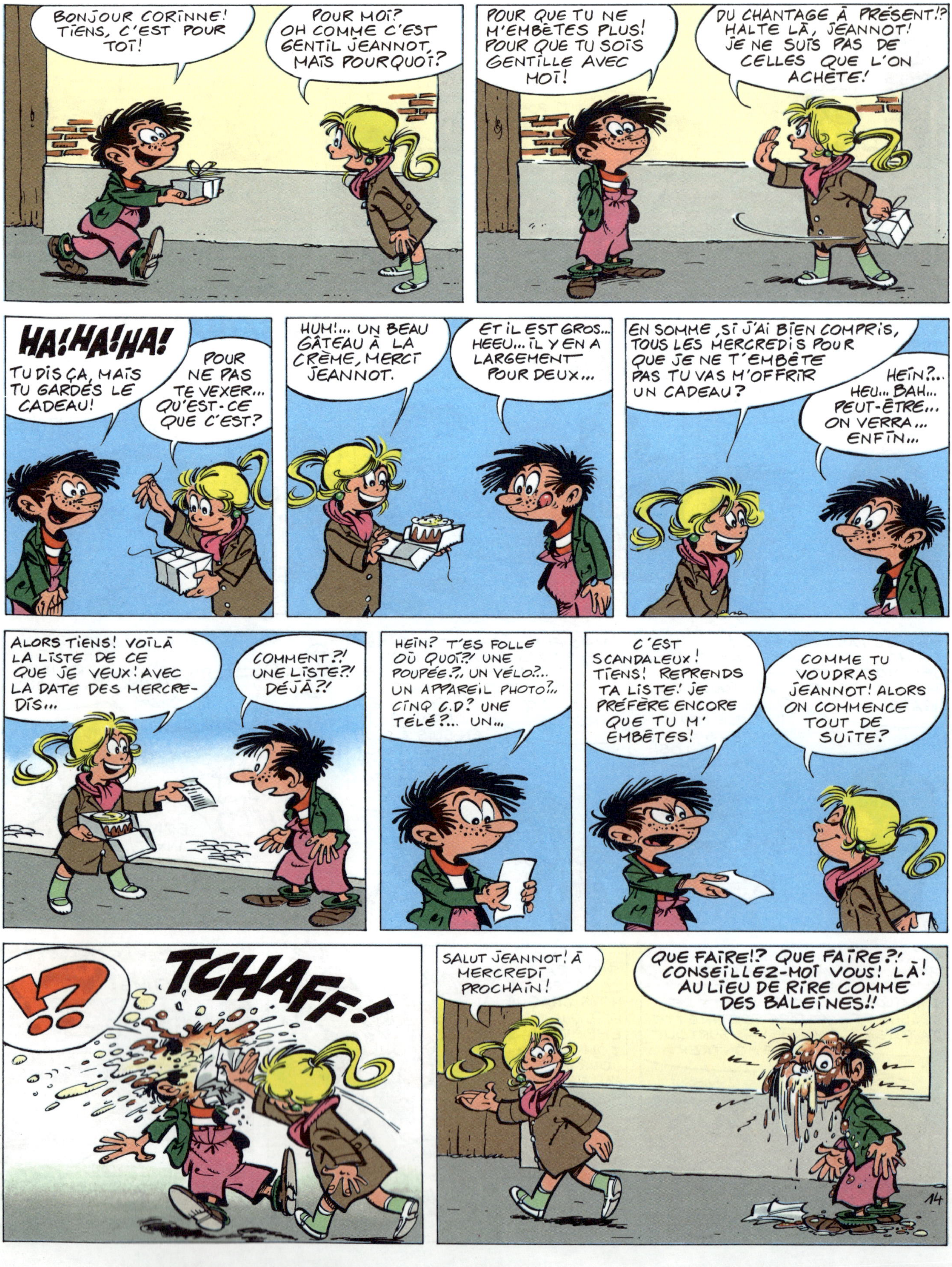
BONJOUR CORINNE! TIENS, C'EST POUR TOI!
POUR MOI? OH COMME C'EST GENTIL JEANNOT, MAIS POURQUOI?
POUR QUE TU NE M'EMBÊTES PLUS! POUR QUE TU SOIS GENTILLE AVEC MOI!
DU CHANTAGE À PRÉSENT!? HALTE LÀ, JEANNOT! JE NE SUIS PAS DE CELLES QUE L'ON ACHÈTE!
HA!HA!HA! TU DIS ÇA, MAIS TU GARDES LE CADEAU!
POUR NE PAS TE VEXER... QU'EST-CE QUE C'EST?
HUM!... UN BEAU GÂTEAU À LA CRÈME, MERCI JEANNOT.
ET IL EST GROS... HEEU... IL Y EN A LARGEMENT POUR DEUX...
EN SOMME, SI J'AI BIEN COMPRIS, TOUS LES MERCREDIS POUR QUE JE NE T'EMBÊTE PAS TU VAS M'OFFRIR UN CADEAU?
HEIN?... HEU... BAH... PEUT-ÊTRE... ON VERRA... ENFIN...
ALORS TIENS! VOILÀ LA LISTE DE CE QUE JE VEUX! AVEC LA DATE DES MERCREDIS...
COMMENT?! UNE LISTE?! DÉJÀ?!
HEIN? T'ES FOLLE OÙ QUOI?! UNE POUPÉE?.. UN VÉLO?.. UN APPAREIL PHOTO?.. CINQ C.D? UNE TÉLÉ?... UN...
C'EST SCANDALEUX! TIENS! REPRENDS TA LISTE! JE PRÉFÈRE ENCORE QUE TU M'EMBÊTES!
COMME TU VOUDRAS JEANNOT! ALORS ON COMMENCE TOUT DE SUITE?
!?
TCHAFF!
SALUT JEANNOT! À MERCREDI PROCHAIN!
QUE FAIRE!? QUE FAIRE?! CONSEILLEZ-MOI VOUS! LÀ! AU LIEU DE RIRE COMME DES BALEINES!!
14

JEANNOT DÉMOLISSEUR DE GÉNIE…

JE VIENS DÉTRUIRE UNE LÉGENDE TENACE QUI PRÉTEND QUE JE SUIS MÉCHANTE AVEC TOI!
MAIS JE N'AI JAMAIS DIT ÇA MOI, CORINNE!
TIENS, VOILÀ POUR TOI!
OH! QU'EST-CE QUE C'EST CORINNE?
TICTAC! TICTAC! TICTAC!
TU LE VERRAS LORSQUE TU L'OUVRIRAS! AU REVOIR, JE N'AI PAS ENVIE DE SUBIR TES REMERCIEMENTS!
EN TOUS CAS LE PAQUET EST BIEN FAIT.
HÈ, LES COPAINS, CONTINUEZ À ÉCRIRE QUE CORINNE EST MÉCHANTE AVEC MOI, MÊME SI C'EST UNE LÉGENDE, ELLE M'OFFRIRA D'AUTRES CADEAUX. HÈ, HÈ, HÈ!
TICTAC! TICTAC! TICTAC!
TICTAC, TICTAC, JOLI BRUIT... CE DOIT ÊTRE UN RÉVEIL...
TICTAC! TICTAC! TICTAC!
...OÙ UNE MACHINE INFERNALE! MAIS C'EST BIEN SÛR! AVEC UNE MENTEUSE PAREILLE! AH! LA CHIPIE! AH! LE MONSTRE! ELLE NE CHANGERA DONC JAMAIS! VITE! ÇA VA EXPLOSER!
TICTAC! TICTAC! TICTAC! TICTAC
TICTAC! TICTAC! TICTAC! TIC! TAC!
LA VOILÀ QUI SORT DE L'IMMEUBLE!
CORINNE!
TICTAC! TIC! TAC
...TIENS, ATTRAPE CHAMEAU!
?
ATTENTION, ÇA VA FAIRE BOUM!
RIEN?..
?
DRIIING!
JE NE COMPRENDS PAS JEANNOT? C'ÉTAIT POURTANT UN BEAU RÉVEIL... TU ME FAIS BEAUCOUP DE PEINE, TU SAIS!...
?!
TU L'AS TOUT CASSÉ!
15

JEANNOT RÉPARATEUR DE GÉNIE.

JE SUIS DÉSOLÉ CORINNE, J'AI CRU QUE CE RÉVEIL ÉTAIT UNE MACHINE INFERNALE...
TANT PIS, C'EST RATÉ! DE TOUTES FAÇONS IL EST À TOI, TIENS, PRENDS-LE
ELLE EST PARTIE... CE QUE J'AI FAIT EST MONSTRUEUX... POUR UNE FOIS QU'ELLE ÉTAIT GENTILLE...
ET PUIS, VOUS AUSSI VOUS ÊTES MONSTRUEUX! TOUJOURS À M'ÉCRIRE QUE CORINNE EST MÉCHANTE AVEC MOI! QU'ELLE N'A PAS DE CŒUR, AUCUNE BONTÉ...
QUE VAIS-JE FAIRE À PRÉSENT POUR ME FAIRE PARDONNER?..
J'AI TROUVÉ! JE VAIS RÉPARER CE RÉVEIL! BIEN SÛR QUE J'Y ARRIVERAI! D'AILLEURS, JE ME REPRÉSENTERAI DEVANT VOUS QUE SI JE RÉUSSIS!..
QUELQUES HEURES PLUS TARD...
ALLO, CORINNE? ICI TON GRAND AMI JEANNOT! VIENS TOUT DE SUITE! J'AI UNE SURPRISE POUR TOI! UNE BONNE SURPRISE!
REGARDE CORINNE JE L'AI ENTIÈREMENT RÉPARÉ! IL EST COMME NEUF! TU ES CONTENTE?
TIC TAC! TIC TAC! TIC TAC!
MÊME LA SONNERIE! JE L'AI REMONTÉE... DANS QUELQUES SECONDES ÇA VA...
QUOI?!
TIC TAC! TIC TAC!! TIC TAC! TIC TAC!!
BAH? QU'EST-CE QUI LUI PREND? AURAIT-ELLE PEUR, TOUT À COUP, D'UNE SONNERIE DE RÉVEIL?
TIC TAC! TIC TAC!
BROUM!
ELLE NOUS A BIEN EUS!.. SURTOUT MOI, EN VÉRITÉ C'ÉTAIT BIEN UNE MACHINE INFERNALE!.. ET COMME UN CRÉTIN JE L'AI MOI-MÊME RECONSTITUÉE!
2
16

LE CADEAU INVISIBLE !

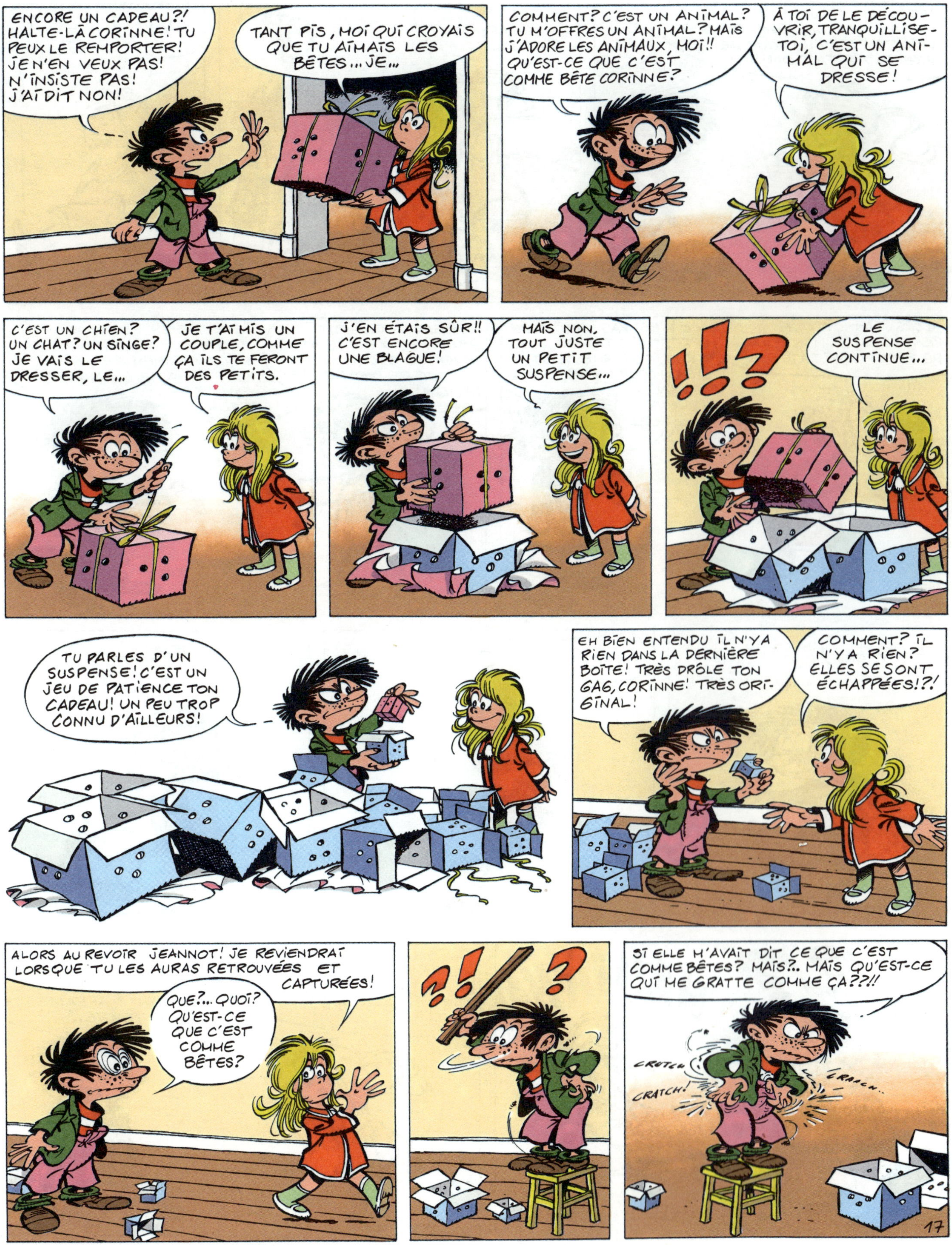
ENCORE UN CADEAU?! HALTE-LÀ CORINNE! TU PEUX LE REMPORTER! JE N'EN VEUX PAS! N'INSISTE PAS! J'AI DIT NON!
TANT PIS, MOI QUI CROYAIS QUE TU AIMAIS LES BÊTES... JE...
COMMENT? C'EST UN ANIMAL? TU M'OFFRES UN ANIMAL? MAIS J'ADORE LES ANIMAUX, MOI!! QU'EST-CE QUE C'EST COMME BÊTE CORINNE?
À TOI DE LE DÉCOUVRIR, TRANQUILLISE-TOI, C'EST UN ANIMAL QUI SE DRESSE!
C'EST UN CHIEN? UN CHAT? UN SINGE? JE VAIS LE DRESSER, LE...
JE T'AI MIS UN COUPLE, COMME ÇA ILS TE FERONT DES PETITS.
J'EN ÉTAIS SÛR!! C'EST ENCORE UNE BLAGUE!
MAIS NON, TOUT JUSTE UN PETIT SUSPENSE...
!!?
LE SUSPENSE CONTINUE...
TU PARLES D'UN SUSPENSE! C'EST UN JEU DE PATIENCE TON CADEAU! UN PEU TROP CONNU D'AILLEURS!
EH BIEN ENTENDU IL N'Y A RIEN DANS LA DERNIÈRE BOÎTE! TRÈS DRÔLE TON GAG, CORINNE! TRÈS ORIGINAL!
COMMENT? IL N'Y A RIEN? ELLES SE SONT ÉCHAPPÉES!?!
ALORS AU REVOIR JEANNOT! JE REVIENDRAI LORSQUE TU LES AURAS RETROUVÉES ET CAPTURÉES!
QUE?.. QUOI? QU'EST-CE QUE C'EST COMME BÊTES?
?!?
SI ELLE M'AVAIT DIT CE QUE C'EST COMME BÊTES? MAIS?.. MAIS QU'EST-CE QUI ME GRATTE COMME ÇA??!!
CRATCH!
17

OUI OUI ! C'EST VRAIMENT UN TOUR DE PRESTIDIGITATION !

REGARDE BIEN JEANNOT, AVEC CETTE BALLE DE PING-PONG JE VAIS TE FAIRE UN TOUR DE PRESTIDIGITATION!
AH.
ATTENTION... TU REGARDES BIEN?...
?
HOP!
ALORS JEANNOT, QUE PENSES-TU DE MON TOUR DE PRESTIDIGITATION?
CE N'EST PAS UN TOUR DE PRESTIDIGITATION TON TRUC, CORINNE, TOUT JUSTE UN COUP D'ADRESSE! PAS MAL D'AILLEURS...
COMMENT, COMMENT? ESSAYE TOI-MÊME ET TU VERRAS SI CE N'EST PAS UN TOUR DE PRESTIDIGITATION!
JE VEUX BIEN ESSAYER PETITE CORINNETTE AU CARACTÈRE BIEN FÉMININ, MAIS CELA NE CHANGERA RIEN À TON ERREUR.
ATTENTION...
... HOP LÀ!...
SPLOTCH
???
HA!HA!HA!
ALORS NIGAUD!? CE N'EST PAS UN TOUR DE PRESTIDIGITATION ÇA? HA, HA, HA! AVOUE QUE TU N'Y AS VU QUE DU FEU!!?
TU DEVRAIS AVOIR HONTE DE GASPILLER AINSI DES ŒUFS, ALORS QU'IL YA TANT D'AFFAMÉS SUR TERRE!!
18

PAS DE GRÈVE SANS CASSER DES ŒUFS !

QUE SE PASSE-T-IL JEANNOT?
JE FAIS LA GRÈVE DU JEU! JE NE JOUE PLUS, CORINNE!
GRÈVE ILLIMITÉE
JE VIENS DE CRÉER MON SYNDICAT! J'EN SUIS LE MEMBRE ACTIF! LE DÉLÉGUÉ ET LE SECRÉTAIRE GÉNÉRAL! VOICI MES REVENDICATIONS!...
ARTICLE PREMIER: CESSATION IMMÉDIATE ET À JAMAIS DE TOUTES FARCES, BLAGUES ET HUMILIATIONS DE TOUTES SORTES! ARTICLE SECOND: ENQUÊTE SÉRIEUSE, HONNÊTE ET OBJECTIVE POUR CONFONDRE **LA** COUPABLE! ARTICLE TROISIÈME: SANCTION EXEMPLAIRE CONTRE **LA** CONFONDUE! SIGNÉ: (LE SECRÉTAIRE GÉNÉRAL) Jeannot Larose
BRAVO JEANNOT! JE SUIS D'ACCORD AVEC TES REVENDICATIONS ET J'ADHÈRE À TON SYNDICAT!
VRAI? TU... TU FAIS LA GRÈVE AVEC MOI CORINNE? ÇA C'EST CHIC ALORS!
HÉ, JEANNOT, EN ATTENDANT LA FIN DE LA GRÈVE SI ON FAISAIT UNE PARTIE DE PING PONG? PAS COMME UN JEU MAIS COMME UN SPORT! CAR C'EST UN SPORT!
COMME SPORT, C'EST D'ACCORD CORINNE! ALLONS-Y!
PRÊT JEANNOT?
PRÊT CORINNETTE!
POC!
SPLOTCH!
UN ŒUF!?
?!
MAIS ENFIN CORINNE! TU AS LU MES REVENDICATIONS! NOUS FAISONS LA GRÈVE!
LA GRÈVE DU RIRE AUSSI?... LES LECTEURS VONT ÊTRE DÉÇUS JEANNOT...

POUR UNE FOIS CORINNE RATE SON COUP !

CES DEUX TARTES À LA CRÈME SONT DESTINÉES À MON JEUNE TENDRE ET SYMPATHIQUE AMI JEANNOT!
HI HI HI! BIEN VISÉ!
ATTENTION JEANNOT!
!
RATÉ!
SPLATCH!
AAAARRRR! CETTE FOIS J'AI TOUT VU!
VRAI? ALORS LÀ JE SUIS BIEN CONTENT MONSIEUR L'AGENT!
AÏE AÏ AÏE! J'AI BIEN PEUR QUE CE COUP-CI...
TU ES CONTENT?! MAIS ALORS RASCAL! ÇA PROUVE QUE TU L'AS FAIT EXPRÈS!!?
EXPRÈS? EXPRÈS QUOI?
EXPRÈS DE TE BAISSER BANDIT! CAR SI TU NE T'ÉTAIS PAS BAISSÉ JE NE L'AURAIS PAS REÇU CETTE TARTE!
?
MAIS ENFIN! C'EST TOUT DE MÊME CORINNE QUI L'A LANCÉE!
D'ACCORD! ET SI TU L'AVAIS REÇUE J'AURAIS GRONDÉ CETTE PETITE. MAIS EN TE BAISSANT VOYOU! C'EST TOI QUI BRUSQUEMENT ET TOUT À COUP ME L'AS DESTINÉE TU ES DONC INDISCUTABLEMENT LE RESPONSABLE!
PLUS TARD...
ALORS JEANNOT COMMENT ÇA S'EST TERMINÉ?
MAL! IL ME L'A FAITE LÉCHER JUSQU'À LA DERNIÈRE TACHE!
IL NE FALLAIT PAS MALHEUREUX! CE SONT DES TARTES AVARIÉES! LE PATISSIER ME LES A DONNÉES POUR LE CHIEN DE MA CONCIERGE! SÛR, TU VAS ÊTRE MALADE!
OUPS!!...
20

COMME TOUJOURS JEANNOT RATE SON COUP !

EN ATTENDANT QUE COMPTES-TU FAIRE DE LA DEUXIÈME TARTE CORINNE?
BAH... C'EST À DIRE QU'À PRIORI...
JE TE L'ACHÈTE TROIS FRANCS CORINNETTE!
MAIS ELLE N'EST PAS BONN... AAAH, TOI, JE TE VOIS VENIR TU VEUX TE VENGER DE L'AGENT BODART!
PARFAITEMENT!
ET PAS SEULEMENT DE L'AGENT BODART! J'AI MON IDÉE...
ALORS BON APPÉTIT JEANNOT!
VOUS AVEZ DEVINÉ? BIEN SÛR, JE VAIS FAIRE EXACTEMENT CE QU'A FAIT CORINNE! ATTEINDRE L'AGENT BODART ET LA FAIRE PUNIR À MA PLACE! HI, HI, HI...
L'AGENT BODART EST EN FACTION... CORINNE DOIT PASSER PAR LÀ POUR RENTRER CHEZ ELLE... JUSTEMENT LA VOILÀ...
ATTENTION PETITE CORINNETTE!...
?
!
AÏE! CE COUP CI JE CROIS BIEN QUE...
SPLATCH!
VOUS AVEZ VU MONSIEUR L'AGENT ELLE S'EST BAISSÉE! ET C'EST POUR CELA QUE...
NON! LA BALISTIQUE DIT LE CONTRAIRE RASCAL!!
LA BALISTIQUE?! QUELLE BALISTIQUE? C'EST QUI ÇA?
?
CELLE QUI PROUVE QUE TU ME VISAIS! SINON J'AURAIS REÇU CETTE TARTE AU MÊME ENDROIT QUE TOUT À L'HEURE! TA COPINE N'A MÊME PAS EU BESOIN DE SE BAISSER! VOYOU!!
QUEL CRÉTIN JE SUIS! C'EST VRAI, CORINNE N'A MÊME PAS EU LE RÉFLEXE DE SE BAISSER! POURQUOI NE L'AI-JE PAS VISÉE, ELLE, LA RESPONSABLE DE TOUS MES ENNUIS!!
21

LES BONS CONSEILS DE JEAN-PIERRE ROURE, FIDÈLE LECTEUR DE CHARENTE-MARITIME.

J'AI REÇU UNE NOUVELLE LETTRE DU DÉNOMMÉ JEAN-PIERRE ROURE UN FIDÈLE LECTEUR DE CHARENTE-MARITIME. IL S'EXCUSE POUR LE MAUVAIS CONSEIL QU'IL M'A DONNÉ L'AUTRE JOUR, IL M'EN PROPOSE UN AUTRE...
IL ME CONSEILLE LA FORCE D'INERTIE, GENRE THIERRY ROURE, SON FILS, IL M'AFFIRME QU'UNE INDIFFÉRENCE TOTALE LASSERAIT CORINNE!
ET POURQUOI PAS?! APRÈS TOUT, L'INDIFFÉRENCE C'EST UNE AFFAIRE DE VOLONTÉ DE FORCE DE CARACTÈRE ET J'AIMERAIS ASSEZ VOIR CORINNE SE LASSER DEVANT MON INDIFFÉRENCE ... LA VOILÀ...
PAS UN MOT CORINNE! AUTANT TE PRÉVENIR TOUT DE SUITE! TU PEUX ME FAIRE N'IMPORTE QUELLE BLAGUE! N'IMPORTE QUELLE FARCE N'IMPORTE QUELLE VACHERIE! JE RESTERAI D'UNE INDIFFÉRENCE TOTALE ET ABSOLUE!
VRAI? ALORS JE PEUX?...
LA VOILÀ QUI VIENT AVEC UN CAGEOT DE TOMATES PLUS QUE MÛRES! LA PAUVRE, ELLE NE SE DOUTE PAS QU'ELLE VA SE LASSER!
FLAC!
PLAF!
FLOC!
PLOF!
PLAF!
SERAIT-ELLE LASSÉE? ELLE S'EN VA AVEC SON CAGEOT VIDE... AURAIS-JE GAGNÉ? DÉJÀ?
LA REVOILÀ AVEC UNE POUBELLE PLEINE! ÇA DOIT PESER LOURD UNE POUBELLE PLEINE, HI, HI, HI! ÇA VA LA LASSER!
TCHOFFF!!
HEUREUSEMENT QUE JE SAIS COMMENT ÇA VA FINIR...
TCHAFF!
JE NE SAIS PAS CE QU'ELLE VIENT DE ME LANCER AU VISAGE MAIS L'ODEUR EST ABSOLUMENT ÉPOUVANTABLE!
E... ELLE VA SE LASSER, ELLE VA SÛREMENT SE LASSER... ET PUIS D'ABORD JEAN-PIERRE ROURE LE FIDÈLE LECTEUR DE CHARENTE-MARITIME ME L'A DIT, ALORS...
V'LA AUT'CHOSE! POUAH! UNE TARTE TOUTE POURRIE! QUELLE ODEUR!...
SMLACK
À PRÉSENT DE L'EAU DE VAISSELLE! BIEN GRASSE!!
TCHOUFF
BOUOUOUOUOOO... ÇA SUFFIT POUR AUJOURD'HUI JEANNOT... JE SUIS LASSÉE!
LASSÉE!? TU... TU ES LASSÉE!? MAIS ALORS... J'AI GAGNÉ!!
J'AI GAGNÉ!!! YOUPIII! MERCI JEAN-PIERRE ROURE, FIDÈLE LECTEUR DE CHARENTE-MARITIME POUR TON CONSEIL!! MERCI MILLE FOIS!!!
!?!

S.O.S. FEMME BATTUE !

J'AURAIS DÛ COMMENCER COMME ÇA! LA MANIÈRE FORTE! QUE DIANTRE! LE "MEC" C'EST MOI! AU LIEU DE ME LAISSER EMBÊTER DEPUIS TOUJOURS!!
TIENS! ATTRAPE ÇA!! CHIPIE!!!
PLAF!
BAH?! QU'EST-CE QUI TE PREND JEANNOT? QUE SE PASSE-T-IL?
IL Y A QUE JE ME SUIS CONFECTIONNÉ UNE POUPÉE QUI TE RESSEMBLE PARFAITEMENT! ALORS JE TE PRÉVIENS CORINNE, À CHAQUE FOIS QUE TU M'EMBÊTERAS C'EST ELLE QUI PRENDRA! VU?
?
?
DIS DONC, ESPÈCE DE SAUVAGE!? TU TE CROIS À QUELLE ÉPOQUE POUR TRAÎNER CETTE PETITE FILLE DE CETTE FAÇON?!?
VOUS PRÉFÉREZ QUE JE LA FASSE VOLER COMME AU 20ÈME SIÈCLE?
COMME VOUS VOULEZ MONSIEUR L'AGENT! ET HOP!
?
BANDIT! JE TE PRÉVIENS, SI ELLE A LE MOINDRE MAL! JE... JE T'ASSOMME!
HI HI HI!..
AÏAÏAÏAÏE!... OUIOUIOUIE! AAAH...
?!?
ASSASSIN! TORTIONNAIRE! BARBARE! MONSTRE!!...
MAIS?!..MAIS?!..
?!
AÏE! OUÏE! HOULALAÏE!
23

ENCORE UN CADEAU?!! J'EN VEUX PAS, CORINNE! J'EN VEUX P...
CE N'EST PAS POUR TOI JEANNOT, C'EST POUR L'AGENT BODART!
CO... COMMENT? TU OFFRES DES CADEAUX À L'AGENT BODART?
ET ALORS? C'EST MON DROIT! ET PUIS D'ABORD LAISSE-MOI! JE VOUDRAIS FAIRE MA TOILETTE ET M'HABILLER!
LA CHIPIE! PAS ÉTONNANT QUE L'AGENT BODART SOIT TOUJOURS AVEC ELLE CONTRE MOI!!
JE LUI AI CHIPÉ SA CLÉ! VU LE TEMPS QUE MET UNE FILLE POUR SE PRÉPARER J'AI LE TEMPS DE FABRIQUER UN CADEAU PIÉGÉ ET DE FAIRE L'ÉCHANGE!
ÇA Y EST! AVOUEZ QUE LA RESSEMBLANCE EXTÉRIEURE EST FRAPPANTE! HI, HI, HI! L'INTÉRIEUR AUSSI EST FRAPPANT!..
J'AI FAIT L'ÉCHANGE! ELLE N'A RIEN VU, ELLE ÉTAIT ENCORE DANS SON BAIN!
PLUS TARD, ENFIN...
HI, HI, HI! J'AI APERÇU L'AGENT BODART EN FACTION, ET LA CORINNE QUI VIENT VERS LUI LE CADEAU À LA MAIN...
TENEZ MONSIEUR L'AGENT, C'EST UN CADEAU DE LA PART DU PETIT JEANNOT... IL N'A PAS OSÉ VOUS L'OFFRIR LUI-MÊME CAR IL EST TRÈS TIMIDE.
OH! COMME C'EST GENTIL, QU'EST-CE QUE C'EST?
OUTCH!?
PAF!
CATASTROPHE!
AAAR! LE RASCAL! LE RÉNÉGAT!!! OÙ EST-IL? QUE JE TE ME LE!..
M'AURAIT-ELLE VU FAIRE L'ÉCHANGE? IL FAUT QUE JE RÉAGISSE!..
UN INSTANT MONSIEUR L'AGENT! VOUS AVEZ ÉTÉ TROMPÉ! CE CADEAU DIABOLIQUE N'EST PAS DE MOI! MAIS D'ELLE!!...
... DE CE MONSTRE! ELLE EST CAPABLE DE TOUT! ET SURTOUT DE CONFECTIONNER UN CADEAU PIÉGÉ POUR VOUS L'OFFRIR EN MON NOM! TENEZ MONSIEUR L'AGENT VOICI LE MIEN!
MAIS !?!
SPLATCH!
JE ME SUIS TROMPÉ MONSIEUR BODART! C'ÉTAIT ENCORE UN CADEAU DE CORINNE!
MAIS JE VAIS T'ÉCRASER COMME UNE PUNAISE! FRIPOUILLE!
VOUS Y COMPRENEZ QUELQUE CHOSE, VOUS?
24

JEANNOT GROS GOULU...

L'AUTRE JOUR, CORINNE M'A OFFERT UN PAQUET DE BONBONS... EVIDEMMENT AU POIVRE! J'EN AI MANGÉ UN, HORRIBLE! SEULEMENT, J'AI GARDÉ LES AUTRES!... HÉ, HÉ, HÉ!..
... J'AI CHANGÉ LE SAC POUR QU'ELLE NE SE DOUTE DE RIEN ET JE VAIS LE LUI OFFRIR! HI, HI, HI!
DRINGGGGGG
LA VOILÀ! HA! HA! HA! ON VA BIEN RIGOLER...
TIENS CORINNE! UN PAQUET DE BONBONS DE MOI POUR TOI!
POUR MOI? DE TOI? OH MERCI JEANNOT!
HI, HI, HI!
TIENS MON PETIT JEANNOT, TU EN VEUX UN?
!?!
NOOOON! MER... MER... MERCI CORINNE, JE N'EN VEUX PAS!
POURQUOI? ILS NE SONT PAS BONS?
AU CONTRAIRE CORINNE ILS SONT DÉLICIEUX! C'EST POUR CELA QUE JE TE LES AI OFFERTS!
ALLEZ, HOP! PAS DE MANIÈRE!
GLOUPS!?
C'EST MALIN! JE L'AI AVALÉ! J'AURAIS PU M'ÉTRANGLER!
TANT MIEUX COMME ÇA JE N'AI PAS SENTI LE GOÛT!
EXCUSE-MOI...
...ET POUR ME FAIRE PARDONNER EN VOILÀ DEUX! ET HOP!
DEUX QUOI?!
OH LALA, QUE C'EST MAUVAIS! QUE C'EST AFFREUX! HORRIBLE! QUEL GOÛT! BOUAAAAHH...
ILS NE SONT PAS BONS?
25

...MALGRÉ LUI.

MAIS SI CORINNE, ILS SONT SAVOUREUX, EXQUIS, DÉLICATS, UN VRAI RÉGAL...
HOHO! JE TE VOIS VENIR TOI...
... TU EN VEUX UN AUTRE! TIENS VA! EN VOILÀ TROIS!
NOON!
SPOUTCH!... CROUCH!.. SMIACK... OUPS... GLOUK....
IL YEN A UN AU PIMENT ROUGE! QUELLE HORREUR! IL FAUT QUE JE FASSE BON VISAGE POUR QUE CORINNE NE SE DOUTE DE RIEN!
OH, JEANNOT, REGARDE CELUI-LÀ COMME IL EST RIGOLO!?
IL DOIT ÊTRE BON CORINNE, TU DEVRAIS LE MANGER...
ET BIEN NON, JE TE LE DONNE!
!!!
MAIS ENFIN CORINNE, JE T'OFFRE DES BONBONS, C'EST TOI QUI DOIS LES MANGER!
TU NE VAS PAS ME REPROCHER MON BON CŒUR, MA GÉNÉROSITÉ! J'AI ENVIE D'ÊTRE GENTILLE AVEC TOI...
ET JE LE PROUVE! TIENS, MANGE!
QUEL GOUT! POUAAH! HEUREUSEMENT QUE J'AI UNE FORCE DE CARACTÈRE PEU COMMUNE POUR CONSERVER UN VISAGE IMPASSIBLE!
MER... MERCI CORINNE, MAIS TU SAIS MAINTENANT FAUDRAIT PENSER À TOI! SOIS GENTILLE, FAIS-MOI PLAISIR, MANGE LES AUTRES...
NATURELLE- MENT QUE JE VAIS MANGER LES AUTRES!
ÇA Y EST! ON VA RIRE!... ON VA RIRE! ON VA...
IL N'Y EN A PLUS! TU LES AS TOUS MANGÉS! ESPÈCE DE GROS GOULU!!
26

QUAND CORINNE VEUT AIDER JEANNOT...

ELLE PARAIT RUDEMENT LOURDE TA VALISE JEANNOT!
C'EST POUR LES VACANCES, JE VAIS À LA GARE LA FAIRE ENREGISTRER!...
...ET IL N'Y A PAS DE DANGER QUE TU ME DONNES UN PETIT COUP DE MAIN!
NON, MAIS UN PETIT COUP DE CERVEAU VOLONTIERS. ATTENDS-MOI LÀ J'AI UNE IDÉE POUR ALLÉGER LE POIDS DE TA VALISE.
AH, LA VOILÀ! MAIS?... QU'EST-CE QUE...?
?
C'EST FORMIDABLE! C'EST GÉNIAL CORINNE!... C'EST... C'EST...
HA! HA! HA!
... C'EST IDIOT!!! MA VALISE!
CETTE FOIS CORINNE TU AS DÉPASSÉ LES BORNES! JE VAIS CHERCHER UN AGENT! PAS L'AGENT BODART UN AUTRE!
HA! HA! HA!
NOM D'UNE PIPE! UNE SOUCOUPE VOLANTE! VITE! MON FUSIL!
BANG
PAN
AH, VOILÀ JUSTEMENT UN AGENT... MAIS? MAIS...
...MAIS C'EST MA VALISE! MERCI MONSIEUR L'AGENT! IL SE TROUVE QUE...
COMMENT? ELLE EST À TOI CETTE VALISE?
JE VAIS T'APPRENDRE MOI À JETER DES VALISES SUR LE CRÂNE DES AGENTS DE POLICE!
C'EST PAS MOI! C'EST UNE IDÉE DE CORINNE! C'EST CORINNE!
27

JEANNOT AIME CORINNE, LUI AUSSI !

ELLE M'AÏME, UN PEU, BEAUCOUP, PASSIONNÉMENT, À LA FOLIE...
... PAS DU TOUT!
ÇA NE MARCHE PAS CE TRUC-LÀ!
JE RECOMMENCE! ELLE M'AÏME! UN PEU! BEAUCOUP! PASSIONNÉMENT! À LA FOLIE!...
... PAS DU TOUT!
TONNERRE DE TONNERRE! MAIS ÇA NE MARCHE PAS CE TRUC!!?
QU'EST-CE QUI NE MARCHE PAS MON PETIT JEANNOT?
LE TRUC DE LA MARGUERITE! TU SAIS, OÙ ON DIT : ELLE M'AÏME, UN PEU! BEAUCOUP... ESSAIE-TOI!
FAIS-VOIR!?
IL M'AÏME, UN PEU, BEAUCOUP, PASSIONNÉMENT...
... À LA FOLIE! EH BIEN ÇA MARCHE JEANNOT!
BAH, ÇA ALORS!? RECOMMENCE POUR VOIR...
IL M'AÏME, UN PEU, BEAUCOUP, PASSIONNÉMENT, À LA FOLIE! VOILÀ!
!
C'EST PAS POSSIBLE ÇA! NOM D'UNE PIPE! ALLEZ! JE RÉESSAYE!
ELLEM'AÏMEUN-PEUBEAUCOUPPASSIONNÉMENTA LAFOLIE...
... PASDUTOUT! ALORS! ALORS! TU VOIS! ÇA NE MARCHE PAS!
ATTENDS, LÀ...
... MAIS, TU PENSES À QUI EN EFFEUILLANT LA MARGUERITE?
HEIN? MAIS À TOI PETITE CORINNETTE.
ET BIEN ALORS! MOI JE TROUVE QU'IL MARCHE PARFAITEMENT CE TRUC!... JEUNE PRÉSOMPTUEUX!
!?!
28

RENDEZ-VOUS POUR UN LONG VOYAGE !

ALORS RENDEZ-VOUS À TROIS HEURES SOUS LE GRAND CHÊNE CORINNE!
POURQUOI SOUS LE GRAND CHÊNE?
ET POURQUOI PAS SOUS LE GRAND CHÊNE? ET PUIS J'AURAI UNE SURPRISE POUR TOI!
UNE SURPRISE? ALORS J'Y SERAI JEANNOT!
À TROIS HEURES CORINNE VA FAIRE UNE DRÔLE DE TÊTE SOUS LE GRAND CHÊNE! PARCE QUE SI ELLE EST FORTE POUR FAIRE DES BLAGUES À LA VILLE, MOI JE SUIS FORT POUR LES FAIRE À LA CAMPAGNE...
FIGUREZ-VOUS QUE DANS LE GRAND CHÊNE IL Y A UN NID AVEC DES ŒUFS GROS COMME ÇA! À 2H30 JE SERAI DANS L'ARBRE! ET À TROIS HEURES, PAF! LES ŒUFS SUR LA TÊTE À CORINNE!
JE VAIS TOUT DE MÊME ME MÉFIER, IL SERAIT BIEN CAPABLE DE ME DONNER RENDEZ-VOUS SOUS LE GRAND CHÊNE POUR ME JETER SUR LA TÊTE LES ŒUFS QU'IL Y A DANS LE NID...
...IL VA VENIR À 2H30 ET SE CACHER DANS L'ARBRE! BIEN SÛR JE POURRAIS VENIR À 2H ET INVERSER LES RÔLES MAIS DÉTRUIRE LE FOYER D'UN OISEAU EST TROP INHUMAIN, JE TROUVERAI BIEN AUTRE CHOSE!
TROIS HEURES AU SOMMET DU GRAND CHÊNE...
AH, LA VOILÀ!
MAIS!? QU'EST-CE QUE?!?
IL DOIT FAIRE UNE DRÔLE DE TÊTE LE JEANNOT SUR SON PERCHOIR!
ALORS GROS MALIN! TU LES ENVOIES TES ŒUFS? HA, HA, HA!
AU FAIT, IL N'EST PEUT-ÊTRE PAS LÀ, LUI AURAIS-JE PRÊTÉ DE MAUVAIS SENTIMENTS?!
ET BIEN NON. IL N'EST PAS LÀ!
J'AIME MIEUX ÇA, IL M'AURAIT BIEN DÉÇU MON JEANNOT...
...ET HEUREUSEMENT POUR LUI CAR JE ME SOUVIENS TOUT À COUP, CE NID... C'EST UN NID D'AIGLE!
À MOI CORINNE! AU SECOURS!
29

J'VEUX PAS QU'ON M'COUPE LA JAMBE !

ALORS, TU NE JOUES PAS AVEC MOI JEANNOT!?
NON CORINNE! N'INSISTE PAS, JE ME FAIS BRONZER!
BON, JE VAIS JOUER SEULE ALORS.
TU PARLES! JE LA CONNAIS, ELLE VA ESSAYER DE ME FAIRE UNE BLAGUE!
QU'EST-CE QUE JE VOUS DISAIS!? JE L'ENTENDS REVENIR À PAS DE LOUP...
JE SENS SA PRÉSENCE TOUT PRÈS DE MOI, JE NE BOUGE PAS... JE FAIS CELUI QUI NE SE DOUTE DE RIEN. JE SOURIS MÊME.
BZZZZ
LA VOILÀ MAINTENANT QUI IMITE LE BRUIT DE LA GUÊPE POUR ME FAIRE PEUR... IL FAUT QUE JE M'ATTENDE À RECEVOIR UNE BONNE GIFLE...
NON, TIENS, ELLE PRÉFÈRE IMITER LA PIQÛRE DE LA GUÊPE EN ME PINÇANT, TRÈS DOULOUREUX D'AILLEURS... JE NE BOUGE TOUJOURS PAS ET MON VISAGE RESTE IMPASSIBLE...
OUIE! AÏE! ÇA ME FAIT DRÔLEMENT MAL! JE VAIS TOUT DE MÊME OUVRIR UN OEIL POUR VOIR LA TÊTE QU'ELLE FAIT DEVANT MA SÉRÉNITÉ, MON CALME, MA...?
MAIS? CE N'EST PAS CORINNE!? QUE FAIS-TU LÀ, TOI?
JE T'ADMIRE!
TU... TU M'ADMIRES? OUI, BIEN SÛR... J'IMAGINE QUE C'EST MA PUISSANCE MUSCULAIRE QUE TU ADMIRES? OU BIEN MA BEAUTÉ, OU ALORS LA VIRILITÉ QUI ÉMANE DE TOUT MON ÊTRE!?
PAS DU TOUT! C'EST TON COURAGE QUE J'ADMIRE! TON COURAGE PASSÉ, TON COURAGE PRÉSENT ET TON COURAGE FUTUR!
ÉCOUTE PETIT! JE SUIS PEUT-ÊTRE COURAGEUX, C'EST MÊME CERTAIN, MAIS JE NE SUIS PAS PATIENT! QUE VEUX-TU DIRE? EXPLIQUE-TOI AUTREMENT QUE PAR ÉNIGMES! SINON!..
TE... TE FÂCHE PAS AMI...
C'EST À CAUSE DE LA GUÊPE QUI T'A PIQUÉ, TU N'AS PAS BRONCHÉ! À PRÉSENT TA JAMBE EST TOUTE ENFLÉE, ET ÇA TE LAISSE FROID! ALORS QUAND JE PENSE QUE DEMAIN ON VA PEUT-ÊTRE TE LA COUPER, J'ADMIRE TON COURAGE...
HEIN?! QUE?! QUOI?!!
WOUAAAR! À MOI! AU SECOURS! PITIÉ! J'VEUX PAS QU'ON M'COUPE LA JAMBE!
?
30

JEANNOT NE SE MOUILLE PAS !

POURQUOI TU N'AIMES PAS LA PÊCHE CORINNE?
PARCE QU'À LA FIN LE PÊCHEUR TOMBE TOUJOURS DANS L'EAU ET RENTRE CHEZ LUI TREMPÉ COMME UNE SOUPE!
TU PARLES CE SONT DES DICTONS, SEUL, L'IMPRUDENT, LE MAUVAIS PÊCHEUR TOMBE DANS L'EAU! LE BON JAMAIS!
C'EST JUSTEMENT POUR ÇA QUE TU FINIRAS DANS L'EAU ET TREMPÉ COMME UNE SOUPE, ET PUIS, IL LE FAUT JEANNOT, SINON LES LECTEURS SERONT DÉÇUS...
DÉÇUS OU PAS JE NE TOMBERAI PAS À L'EAU! PARCE QUE JE SUIS PRUDENT MOI! ET JE SUIS PRÊT À TE PARIER N'IMPORTE QUOI CORINNE!
D'ACCORD, JE TIENS LE PARI!
COMMENT? TU VAS PÊCHER ICI? MAIS IL N'Y A PAS D'EAU!
TU SAURAS MA CHÈRE CORINNE QUE LA PRUDENCE RÉSIDE...
...DANS LA LONGUEUR DE LA GAULE!
!!
VOILÀ CORINNE TU AS PERDU NOTRE PARI! QUANT AU LECTEUR QUI A TOUJOURS L'AIR DE ME PRENDRE POUR UN IMBÉCILE HEIN? PAS SI BÊTE LE JEANNOT!
PLUS TARD...
CORINNE C'EST L'HEURE DE RENTRER...
BREDOUILLE, PAS UN POISSON!
BREDOUILLE MAIS SEC! ET SI LE LECTEUR EST DÉÇU JE M'EN BATS L'ŒIL!
HA!HA!HA!
TU AS PERDU JEANNOT! TU AS PERDU LE PARI! HAHAHAHA!!
AAARR!.. ELLE M'ÉNERVE! ELLE M'ÉNERVE! ET VOUS AUSSI VOUS M'ÉNERVEZ À RIRE COMME ÇA! AAARRR!...

JEANNOT NE SE MOUILLE TOUJOURS PAS !

COMMENT JEANNOT TU VAS ENCORE À LA PÊCHE?
EH OUI CORINNE MAIS CETTE FOIS J'AI PRIS MES PRÉCAUTIONS ET JE NE SERAI PAS MOUILLÉ.
SURTOUT QU'AUJOURD'HUI JE PÊCHE EN BARQUE.
EN BARQUE? HA! HA! HA! MAIS MON PAUVRE JEANNOT CE N'EST PAS UN PARAPLUIE QU'IL FAUT PRENDRE MAIS UNE BOUÉE CAR TU VAS ENCORE TE RETROUVER TREMPÉ!
VEUX-TU PARIER QUELQUE CHOSE CORINNE?
MAIS CE QUE TU VOUDRAS JEANNOT, VU QUE JE SUIS CERTAINE DE GAGNER!
TU VOIS CORINNE L'EAU EST CALME LA BARQUE BIEN STABLE, TOUT VA BIEN QUOI!
JE SUIS PATIENTE JEANNOT JE VAIS ATTENDRE CAR JE SUIS SÛRE DE GAGNER!
QUELQUES HEURES PLUS TARD...
YOUHOU CORINNE! REVEILLE-TOI! C'EST FINI, C'EST L'HEURE DE RENTRER TU AS PERDU!
MALGRÉ TOUT TU ES BREDOUILLE! PAS UN POISSON!
BREDOUILLE MAIS SEC! TU AS PERDU LE PARI CORINNE! ALLEZ À DEMAIN!
JEANNOT!..
VIENS PRENDRE TA DOUCHE!...
?!?
...TOUT DE SUITE!
OUI MAMAN!
TU AS ENCORE PERDU JEANNOT! HA HA! DANS 5 MINUTES TU SERAS TREMPÉ COMME UNE SOUPE!
AAAARRR! QUELLE CHIPIE!
PAS MA MÈRE, CORINNE!
32

POUR JEANNOT, VIVEMENT LA RENTRÉE !...

AH! POUR LE DERNIER JOUR DE VACANCES NOUS ALLONS JOUER UN BON TOUR À JEANNOT! TENEZ JUSTEMENT LE VOILÀ!
HAUT LES MAINS! AU NOM DE LA LOI JE VOUS ARRÊTE!
C'EST PAS MOI MONSIEUR L'AGENT, C'EST CORINNE! JE...
TU AS RAISON JEANNOT! C'EST CORINNE! COUCOU!
C'EST MOI QUI ME SUIS FABRIQUÉ CE MASQUE ET AJUSTÉ CE VIEIL UNIFORME!
MAIS DANS QUEL BUT CE DÉGUISEMENT?
DE JOUER AUX GENDARMES ET AUX VOLEURS! TOI, TU SERAS LE VOLEUR JEANNOT!
ET TOI LE GENDARME! J'AI COMPRIS! D'ACCORD CORINNE, ON JOUE...
JE VAIS ME CACHER DANS LE PETIT BOIS, TU COMPTES JUSQU'À CENT APRÈS TU VIENS!
HÉ! LES COPAINS, POUR TERMINER CES VACANCES EN BEAUTÉ, L'OCCASION M'EST OFFERTE DE FAIRE PAYER À CORINNE TOUS LES MAUVAIS TOURS QU'ELLE M'A JOUÉ!
DANS CE BOIS, JE VAIS LUI TENDRE UNE MULTITUDE DE PIÈGES PLUS TERRIBLES LES UNS QUE LES AUTRES!
VITE, VITE! ENLEVONS CE DÉGUISEMENT!
VOILÀ L'AGENT QUI M'A SERVI DE MODÈLE POUR LE MASQUE JE L'AVAIS DISCRÈTEMENT PHOTOGRAPHIÉ.
33
MONSIEUR L'AGENT, IL YA MON PETIT COPAIN JEANNOT QUI NE VEUT PLUS RETOURNER À L'ÉCOLE, IL EST PARTI SE CACHER DANS LES BOIS, IL M'A DIT QUE MÊME LA POLICE NE LUI FAISAIT PAS PEUR!
DE QUOI?!!

...ET À BAS LES VACANCES AVEC CORINNE !!

ATTENDS UN PEU MON GAILLARD! FOURNIS-MOI UNE SEULE PREUVE DE TA RÉBELLION ET TU VERRAS SI LA POLICE NE TE FAIT PAS PEUR!
SOYEZ PRUDENT MONSIEUR L'AGENT IL EST DANGEREUX!
AH! VOILÀ CORINNE! ATTENTION, LES ENNUIS VONT COMMENCER POUR ELLE!
ET HOP! DESCENDEZ ON VOUS DEMANDE!
?!
HA!HA!HA!
BONG!
ATTENTION! DEUXIÈME ENVOI DU VOLEUR AU GENDARME!
AAARRR!!
HA!HA!HA!
PLAF!
BIGRE! MAIS C'EST VRAI QU'IL EST DANGEREUX CE VOYOU!!...
BANDIT!!! CE N'EST PAS À L'ÉCOLE QUE TU VAS ALLER! MAIS EN MAISON DE CORRECTION!! AAARRR!!
TIENS, C'EST ÉTRANGE... JE NE RECONNAIS PAS LA VOIX DE CORINNE?... TU... TU ES LÀ CORINNE?
BIEN SÛR QUE JE SUIS LÀ, JEANNOT, POURQUOI?
BOUOUOU... J'AI EU PEUR, J'AI CRU UN INSTANT QUE C'ÉTAIT UN VRAI AGENT, REMARQUE JE L'AURAIS BIEN MÉRITÉ! UN SENTIMENT DE VENGEANCE M'A POUSSÉ À DES ACTES INQUALIFIABLES! PARDON CORINNE!!
CE N'EST PAS À MOI QU'IL FAUT DEMANDER PARDON JEANNOT! MAIS À LUI!
AAAAARR
C'EST CORINNE MONSIEUR L'AGENT! ELLE S'ÉTAIT DÉGUISÉE COMME VOUS!
ET EN PLUS, TU VAS VOIR, BANDIT, SI NOUS SOMMES DÉGUISÉE DANS LA POLICE!!
J'AI L'IMPRESSION QUE POUR JEANNOT LES VACANCES SONT VRAIMENT TERMINÉES!
34

CORINNE OFFRE UNE BOUCLE D'OREILLE À JEANNOT !

AU SEUIL DE CETTE NOUVELLE ANNÉE SCOLAIRE IL EST INDISPENSABLE DE PRENDRE DE NOUVELLES ET GRAVES DÉCISIONS! PAS TELLEMENT DU CÔTÉ SCOLAIRE D'AILLEURS, MAIS DU CÔTÉ CORINNE...
...VOUS ÊTES TÉMOINS DE CE QU'ELLE ME FAIT SUBIR DEPUIS DES ANNÉES!? EH BIEN C'EST TERMINÉ! FINI! ABOLI! ENTERRÉ! À PARTIR D'AUJOURD'HUI CORINNE AURA DEVANT ELLE UN HOMME! UN VRAI! UN DUR! UN...
DRIIIING
A... ATTENTION, LA VOILÀ!
DIS-MOI JEANNOT? AS-TU PENSÉ À TE RAPPORTER UN SOUVENIR DE VACANCES?
LE PASSÉ NE M'INTERESSE PAS CORINNE! SEUL LE PRÉSENT ET L'AVENIR COMPTENT!
EH BIEN MOI J'Y AI PENSÉ POUR TOI JEANNOT, TIENS JE T'AI RAPPORTÉ UN BEAU COQUILLAGE!
UN COQUILLAGE? QUE VEUX-TU QUE JE FASSE D'UN COQUILLAGE? IL EST IDIOT TON SOUVENIR CORINNE!
SONGE AUX LONGUES SOIRÉES D'HIVER JEANNOT LORSQUE TU AURAS LE CAFARD, LA NOSTALGIE DES VACANCES, IL TE SUFFIRA DE PRENDRE CE JOLI COQUILLAGE DE LE PORTER À TON OREILLE POUR ENTENDRE À NOUVEAU LE BRUIT DE LA MER.
TU PARLES! COMME SI ON ENTENDAIT LA MER DANS CE TRUC!
ET PUIS D'ABORD VU LES DÉCISIONS QUE J'AI PRISES JE N'AURAI SÛREMENT PAS LE CAFARD CET HIVER EMPORTE TON SOUVENIR ET LAISSE-MOI!
JE TE LAISSE JEANNOT, JE TE LAISSE AUSSI LE COQUILLAGE CAR TU ES UN SENTIMENTAL ET UN JOUR TU AURAS ENVIE D'ÉCOUTER LA MER.
BIEN SÛR QUE JE SUIS UN SENTIMENTAL! AH CETTE FILLE! ELLE PROFITE QUE JE PRENDS DES DÉCISIONS CONTRE ELLE POUR M'OFFRIR QUELQUE CHOSE!
DE TOUTES FAÇONS JE NE CROIS PAS AU BRUIT DE LA MER DANS UN COQUILLAGE CELA ME PARAIT BIEN INVRAISEMBLABLE... ET... ET SI J'ÉCOUTAIS QUAND MÊME POUR VOIR?...
!?!
MON TRUC A MARCHÉ! HI, HI, HI!!
AÏE!!
HA! HA! HA! HA! HA!
AÏE! HOULALA! HOUIE LALA!
35

SI CORINNE SAVAIT !!!

MAIS? TU PLEURES CORINNE? POURQUOI?
SNIF! J'AI FAIT TOMBER MA POUPÉE PAR LA FENÊTRE, UNE POUPÉE TOUTE NEUVE, CELLE QUE TU M'AS OFFERT... SNIF... ELLE S'EST POSÉE SUR UNE CORNICHE, SNIF... JE NE PEUX PAS L'ATTRAPER... SNIF...
VOYONS ÇA... AÏE, EN EFFET, ÇA VA ÊTRE TRÈS DANGEREUX D'ALLER LA CHERCHER LÀ...
ALLEZ, NE PLEURE PLUS CORINNE, JE VAIS ALLER TE LA CHERCHER TA POUPÉE, VA!...
TU ES FOU JEANNOT, TU VAS TE TUER! JE NE VEUX PAS VOIR ÇA...
OH LALA... OH LA LA! OH NON, COMME ÇA C'EST TROP DANGEREUX... FAUT TROUVER AUTRE CHOSE...
JE VAIS M'Y PRENDRE AUTREMENT CORINNE PARCE QUE DE CE CÔTÉ CE N'EST PAS POSSIBLE!... ET NE PLEURE PLUS, JE REVIENS DE SUITE AVEC TA POUPÉE.
JE SAVAIS BIEN QUE TU N'Y ARRIVERAIS PAS JEANNOT!
TOUT À COUP CORINNE TU VIENS DE BLESSER MON AMOUR PROPRE MAINTENANT, J'Y ARRIVERAI, OU J'Y LAISSERAI MA VIE!
IL N'Y ARRIVERA JAMAIS... IL A TOUJOURS ÉTÉ POLTRON, IL A TOUJOURS EU LE VERTIGE... JE VAIS AVOIR SA MORT SUR LA CONSCIENCE... SNIFF... SNIFF...
ET POURTANT PEU APRÈS...
CORINNE! COUCOU, LA VOILÀ!
TU... TU AS RÉUSSI?! TU AS RÉUSSI! JEANNOT! MON JEANNOT!
JE VEUX T'EMBRASSER JEANNOT! QUAND JE PENSE QUE JE ME MOQUAIS DE TOI! JE T'AI TRAITÉ DE TROUILLARD! D'IDIOT! DE NUL!... ET TOUTES LES BLAGUES QUE JE T'AI FAITS! JE SUIS UN MONSTRE JEANNOT ET JE TE DEMANDE PARDON!
ASSIEDS-TOI LÀ JEANNOT, DÉSORMAIS JE SUIS À TON SERVICE JE FERAI TOUT CE QUE TU VOUDRAS! D'ABORD JE VAIS TE FAIRE UN BON CHOCOLAT...
OUAIS, BON, BAH... PROFITONS DE TOUS CES HONNEURS AVANT QU'ELLE NE S'APERÇOIVE QUE J'AI TOUT SIMPLEMENT ACHETÉ UNE AUTRE POUPÉE AVEC LE CONTENU DE SA TIRELIRE! HÈ. HÈ, HÈ! JE NE SUIS PAS FOU, JE TIENS À LA VIE...
36

LES FANS DE CORINNE.

MA PAROLE, MAIS ON DIRAIT...
C'EST SÛR! CHICHE! QU'ON LUI DEMANDE!
HÉ! C'EST TOI CORINNE DES "MERCREDIS DE CORINNE ET JEANNOT"?
OUI C'EST MOI.
FORMIDABLE! DIS DONC ON PEUT ASSISTER À LA BLAGUE QUE TU VAS FAIRE À JEANNOT?
MOI JE VEUX BIEN. VOUS POUVEZ MÊME Y PARTICIPER, SEULEMENT IL FAUT DEMANDER À JEANNOT S'IL EST D'ACC...
JUSTEMENT LE VOILÀ ON VA LUI DEMANDER...
ASSISTER À LA BLAGUE QUE VA ME FAIRE CORINNE? POURQUOI ELLE VA ME FAIRE UNE BLAGUE? JE VOUDRAIS BIEN VOIR ÇA!
NOUS AUSSI.
TIENS, CORINNE EST PARTIE?
BANDE DE TRAÎTRES! VOUS N'AVEZ PAS HONTE DE VOUS RÉJOUIR DES MALHEURS D'UN REPRÉSENTANT DU SEXE FORT, LE VÔTRE! VOUS FERIEZ MIEUX DE VOUS UNIR À MOI POUR ÉCRASER ET CONFONDRE CETTE CHIPIE!
IL A RAISON! CETTE FILLE EST VRAIMENT TROP MÉCHANTE! VICTIMES DE SON CHARME NOUS ALLIONS NOUS FAIRE COMPLICES DE SES CRUAUTÉS! NOUS SOMMES AVEC TOI JEANNOT!
EN ATTENDANT JE ME DEMANDE OÙ ELLE EST PASSÉE!?
ELLE PRÉPARE SON COUP QU'EST-CE QUE VOUS CROYEZ!?
TOI QUI AS L'HABITUDE JEANNOT QUE FAUT-IL FAIRE?
OBSERVER! SUSPECTER! ÉPIER! GUETTER! SURVEILLER TOUS LES CÔTÉS À LA FOIS! POUR CELA JE NE VOIS QU'UN MOYEN... NOUS METTRE DOS À DOS.
VOUS ALLEZ VOIR QUE MALGRÉ ÇA...
QUAND JE PENSE QUE CETTE CHIPIE NOUS DEMANDAIT DE PARTICIPER À LA BLAGUE!
JE CROIS QUE C'EST LE MOMENT!
SPROTCH!
HAHAHA!
C'EST PAS UNE LESSIVEUSE C'EST UNE POUBELLE D'IMMEUBLE! COMMENT ON VA SORTIR DE LÀ-DEDANS?
QU'EST-CE QUE JE VOUS DISAIS? ET NE VOUS PLAIGNEZ PAS, ELLE N'A PAS MIS D'EAU DANS LA LESSIVEUSE!
BOUGRE D'IDIOT! TU NE POUVAIS PAS NOUS DIRE QU'ELLE HABITAIT LÀ ET QUE NOUS ÉTIONS SOUS SA FENÊTRE?!!

JEANNOT VEUT ÊTRE CORINNE À LA PLACE DE CORINNE !

Jeannot, je suis à la cave. Corinne
EN PRINCIPE À LA FIN DE CETTE PAGE JEANNOT DOIT SE RETROUVER ENFERMÉ DANS LA CAVE...
HMMM... ÇA SENT LA MAUVAISE BLAGUE CE RENDEZ-VOUS... SOYONS PRUDENT!
IL N'EST PAS UTILE DE SORTIR DE L'E.N.A POUR DEVINER QU'ELLE VA ESSAYER DE M'ENFERMER DANS LA CAVE!
TIENS, TIENS, C'EST PEUT-ÊTRE LE MOMENT DE RENVERSER LA SITUATION...
CAVE
HI, HI, HI! DEVINEZ CE QUE J'AI FAIT?
EH OUI! MAIS NON SEULEMENT JE L'AI ENFERMÉE À CLÉ MAIS EN PLUS J'AI ÉTEINT LA LUMIÈRE! HA! HA! HA!
QU'AVEZ-VOUS À ME REGARDER COMME ÇA? JE PEUX BIEN LUI FAIRE UNE BLAGUE DE TEMPS EN TEMPS...
LE REMORDS? QUOI LE REMORDS?! LE REMORDS CONNAIS PAS!! ET PUIS QU'EST-CE QUE C'EST LE REMORDS? HMM? L'IMAGINER DANS LES TÉNÈBRES, AFFOLÉE, TREMBLANTE, EN LARMES ENTOURÉE DE RATS, D'ARAIGNÉES, DE CAFARDS, DE...
MAIS?!! MAIS!.. C'EST AFFREUX TOUT ÇA!! CORINNE! MA CORINNE!!
... N'AIE PLUS PEUR! ME VOILÀ! PARDON! PARDON! PAR...
CLANG!
CRIIIC! CRICC. CLIC!
ET VOILÀ! C'EST UNE QUESTION DE PATIENCE... FAUT SE CACHER ET ATTENDRE!
HÉ! CORINNE?! C'EST TOI? TU ES LÀ? AU SECOURS!
38

CORINNE ÉCOUTE LA VOIX DE LA RAISON.

?!?
AH! C'EST MALIN! C'EST INTELLIGENT!
HA! HA! HA! HA! HA!
TE RENDS-TU COMPTE CORINNE QU'AVEC TES BLAGUES IDIOTES TU POURRAIS M'ESTROPIER! ET QUI SAIT ME RENDRE INFIRME POUR LA VIE!
ET SAIS-TU QU'EN VERTU DE CERTAINES LOIS TU SERAIS OBLIGÉE DE TRAVAILLER TOUTE TA VIE POUR SUBVENIR À MES BESOINS!
SOUVIENS-TOI DE ÇA CORINNE! ET QUE ÇA TE FASSE RÉFLÉCHIR!!
CETTE FOIS JE L'AI IMPRESSIONNÉE LA PETITE...
... J'AI MÊME LA CERTITUDE QUE C'EST LA FIN DE MES TOURMENTS!
?
HA HA! HA! HA! HA HA! HA! HA! HA!!!
!!!
JEANNOT! ON PEUT CONTINUER! J'AI DEMANDÉ À MAMAMAN DE SOUSCRIRE UNE ASSURANCE TOUS RISQUES QUI COUVRIRA LES CATASTROPHES QUE JE PROVOQUERAI!
HEIN?!!
39

JEANNOT PREMIER DE LA CLASSE !

TU EN FAIS UNE TÊTE JEANNOT, QU'EST-CE QUI NE VA PAS?
C'EST À CAUSE DE MON CARNET DE NOTES, JE VAIS ÊTRE PRIVÉ DE TÉLÉ, DE CINÉMA, DE DESSERT, DE...
PAUVRE JEANNOT, TU ES LE COMBIEN?
29 ÈME SUR 30! AUTANT DIRE LE DERNIER, LE TRENTIÈME A ÉTÉ ABSENT TOUT LE MOIS, IL EST MALADE...
FAIS VOIR TON CARNET, IL Y A PEUT ÊTRE UN MOYEN DE SAUVER ÇA!
TU PARLES, IL N'Y A RIEN À FAIRE, JE SUIS CUIT!...
EN EFFET, CE N'EST PAS BRILLANT. MAIS J'AI UNE IDÉE JEANNOT, TU AS ZÉRO EN CONDUITE, IL SUFFIT DE METTRE UN 1 DEVANT, POUR LE CALCUL C'EST PAREIL...
ET POUR LE 29?
ON ENLÈVERA LE NEUF ET TU SERAS LE DEUXIÈME DE LA CLASSE!
OUI MAIS AVEC QUOI ENLEVER LE NEUF? C'EST ÇA.
AVEC DU CORRECTOR! ET LORSQUE TON PAPA AURA SIGNÉ TON CARNET ON REMETTRA LES NOTES COMME AVANT! C'EST PAS BEAU ÇA COMME IDÉE?
CE SERAIT FORMIDABLE, SEULEMENT AVEC TOI ÇA VA SE TERMINER EN BLAGUE! PAR EXEMPLE, TU NE VOUDRAS PLUS ME PRÊTER TON CORRECTOR!
MAIS SI JEANNOT, TU N'AURAS QU'À L'EMPORTER AVEC TOI!
ALORS COMME ÇA, C'EST D'ACCORD, MERCI CORINNE TU ES UNE CHIC FILLE! ALLONS-Y!
PEU APRÈS...
ET VOILÀ! C'EST FAIT, DEMAIN ON REMET TOUT COMME AVANT ET NI VU NI CONNU J'T'EMBROUILLE! Y'A PAS À DIRE, LES JEUNES D'AUJOURD'HUI C'EST AUTRE CHOSE...
ET PUIS TANT QU'À FAIRE JE ME SUIS MIS PREMIER DE LA CLASSE! HI, HI, HI! ÇA NE M'A PAS COÛTÉ PLUS CHER!
ET LE LENDEMAIN, ÉVIDEMMENT...
AH! LA GARCE! LA CHIPIE! LE CHAMEAU! GRRRR!! J'EN ÉTAIS SÛR!!! HAAAARR!!!
MERCI CORINNE! BRAVO! JE SUIS PUNI POUR SIX MOIS! J'AI ÉTÉ OBLIGÉ DE TOUT AVOUER! JE ME SOUVIENS À PRÉSENT QUE PENDANT QUE TU CORRIGEAIS MES NOTES TU CACHAIS UNE PARTIE DE MON CARNET! TU CACHAIS LES OBSERVATIONS DE LA MAîTRESSE!...
ET SAIS-TU CE QU'ELLES DISAIENT CES OBSERVATIONS? "ENFANT PARESSEUX, NE FAIT AUCUN EFFORT POUR COMPRENDRE QUOI QUE CE SOIT! PASSE SON TEMPS À REGARDER LES MOUCHES VOLER OU DORT SUR SON PUPITRE! ÉLÉMENT ABSOLUMENT IRRÉCUPÉRABLE!" TU PARLES, POUR LE PREMIER DE LA CLASSE ÇA FAIT BIEN!
HA! HA! HA!
40

JEANNOT ARCHI RIDICULE !

?
?
EH BIEN? QUE T'ARRIVE-T-IL JEANNOT?
UNE SECONDE PAULOT...
... LE TEMPS DE M'APPUYER AU MUR... OUF! C'EST À CAUSE DU VERGLAS.
DU VERGLAS? QUEL VERGLAS? IL N'Y A PAS DE VERGLAS!
PAS DE VERGLAS? AH LA CHIPIE DE CORINNE! LA CHAMEAU! ELLE VIENT ENCORE DE ME FAIRE UNE BLAGUE!
J'AI L'IMPRESSION QU'ELLE T'EN FAIT VOIR CELLE-LÀ!!
ELLE VIENT DE ME TÉLÉPHONER POUR M'INVITER, CHEZ ELLE, À BOIRE UN PETIT CHOCOLAT, ET ELLE SE MET À ME RECOMMANDER DE BIEN FAIRE ATTENTION DE NE PAS TOMBER, QUE ÇA GLISSE, ET QU'ELLE N'AIMERAIT PAS, SI JE ME CASSAIS UNE JAMBE QUE JE L'ACCUSE! ET PATATI ET PATATA...
CE N'EST PAS BIEN MÉCHANT COMME BLAGUE!
NON, MAIS TOUT DE MÊME... PENDANT QUELQUES INSTANTS JE FUS RIDICULE!
JE VAIS TOUT DE MÊME ALLER BOIRE CE PETIT CHOCOLAT AU LAIT... MIAM... MIAM...
C'EST ÇA, TU RÂLES TOUT LE TEMPS MAIS TU NE PEUX PAS TE PASSER D'ELLE...
CORINNE, JE...
?!
ATT...
HAAAAAA!...
ET POURTANT, AU TÉLÉPHONE, JE L'AVAIS PRÉVENU!
BING
BROUMMM
PATATRAC
PAF
CRAC
DINLING

POUR JEANNOT C'EST L'INTENTION QUI COMPTE !

J'AI TROUVÉ UNE IDÉE DE CADEAU POUR CORINNE TOUT À FAIT ORIGINALE... VOUS ALLEZ BIEN RIRE ! DISONS MÊME QUE NOUS ALLONS BIEN RIRE !
ALLEZ OUSTE ! LE CONTENU DE LA POUBELLE ! HI, HI, HI ! BEAU CADEAU POUR CORINNE !
CETTE FICELLE FERA L'AFFAIRE, HÉ, HÉ, HÉ ! C'EST L'INTENTION QUI COMPTE...
ALLONS PRESSONS !
VOILÀ VOILÀ VOILÀ VOILÀ !
HÈ !?
MAIS ? MON PAQUET ?
CROUICK
CRIC
CRAC
QUE T'ARRIVE-T-IL JEANNOT ?
HEIN ?... HEU... CE... C'ÉTAIT UN CADEAU POUR TOI CORINNE ET CE MONSIEUR VIENT DE LE JETER AUX ORDURES... C'ÉTAIT... HEU... UNE POUPÉE.
UNE POUPÉE ? BAH ?.. POURQUOI AVEZ-VOUS FAIT ÇA MONSIEUR ?
J'AI CRU QUE C'ÉTAIT UN PAQUET D'ORDURES JE SUIS CONFUS, JE SUIS SINCÈREMENT DÉSOLÉ... CO... CO... COMMENT ME FAIRE PARDONNER ?
C'EST FACILE DONNEZ-LUI DE QUOI M'ACHETER UNE AUTRE POUPÉE.
MAIS BIEN SÛR ! C'EST ÉVIDENT ! COMMENT N'Y AI-JE PAS PENSÉ MOI-MÊME ?
SEULEMENT IL FAUT QUE TON PETIT COPAIN EN PAYE LA MOITIÉ, CAR IL EST LUI AUSSI RESPONSABLE DE CETTE BAVURE ! N'EST-CE PAS PETIT ?
MERCI JEANNOT POUR CETTE BELLE POUPÉE, DOMMAGE QUE LE MONSIEUR A ÉTÉ OBLIGÉ DE TE MENACER D'UNE BONNE RACLÉE POUR QUE TU PAYES TA PART, MAIS COMME ON DIT C'EST L'INTENTION QUI COMPTE.
42

JEANNOT NE VEUT PAS RESSEMBLER À ALAIN DELON !

QUEL SALE TEMPS! ET J'AI JUSTEMENT UN RHUME! SI JE REÇOIS CETTE AVERSE! SÛR! C'EST LA GRIPPE!
EH BIEN JEANNOT, TU AS PEUR DE LA PLUIE À PRÉSENT?
NON, J'AI PEUR DE LA GRIPPE! ET C'EST CE QUI M'ATTEND SI...
VEUX-TU QUE J'AILLE TE CHERCHER UN PARAPLUIE JEANNOT?
QUELLE QUESTION IDIOTE! BIEN SÛR QUE JE VEUX!
ALORS LÀ, ÇA M'ÉTONNERAIT QUE CETTE CHIPIE M'APPORTE UN PARAPLUIE!
MAIS SI! LA VOILÀ, ET AVEC LE PARAPLUIE. BRAVE GOSSE, VA!
MERCI CORINNE! MAIS PERMETS MOI DE TE DIRE QUE TU N'ES PAS TRÈS INTELLIGENTE. TU VIENS AVEC UN PARAPLUIE ET TU NE PENSES MÊME PAS À T'ABRITER DESSOUS! HA! HA! HA!
C'EST POURTANT VRAI, SUIS-JE BÊTE.
SACRÉE CORINNE! TU ES CAPABLE DU MEILLEUR COMME DU...
...PIRE!
?
FLOC!
ÇA C'EST BIEN VRAI ALORS! HA! HA! HA! HA!
1.2.3.4.5...
CHIPIE! TU VAS ME PAYER ÇA!!!
...58... 59... 60! STOP JEANNOT! TU PEUX T'ARRÊTER, TU AS PERDU! C'EST PRIS! HA, HA, HA!
PRIS ?
MAIS? MAIS C'EST TOUT DUR ÇA? QU'EST-CE QUE C'EST?
C'EST DU PLÂTRE JEANNOT! DU PLÂTRE À PRISE RAPIDE, 60 SECONDES! UN TRUC QUI DURCIT! QUI DURCIT! QUI DURCIT! HA! HA! HA! HA!!
TU NE PRÉFÈRES PAS QUE JE TE FASSE LA TÊTE D'ALAIN DELON?
PAS DE FANTAISIE JE TE PRIE! REGARDE BIEN MA PHOTO ET QUE CE SOIT RESSEMBLANT!!
43

LE MEILLEUR PROFIL DE CORINNE.

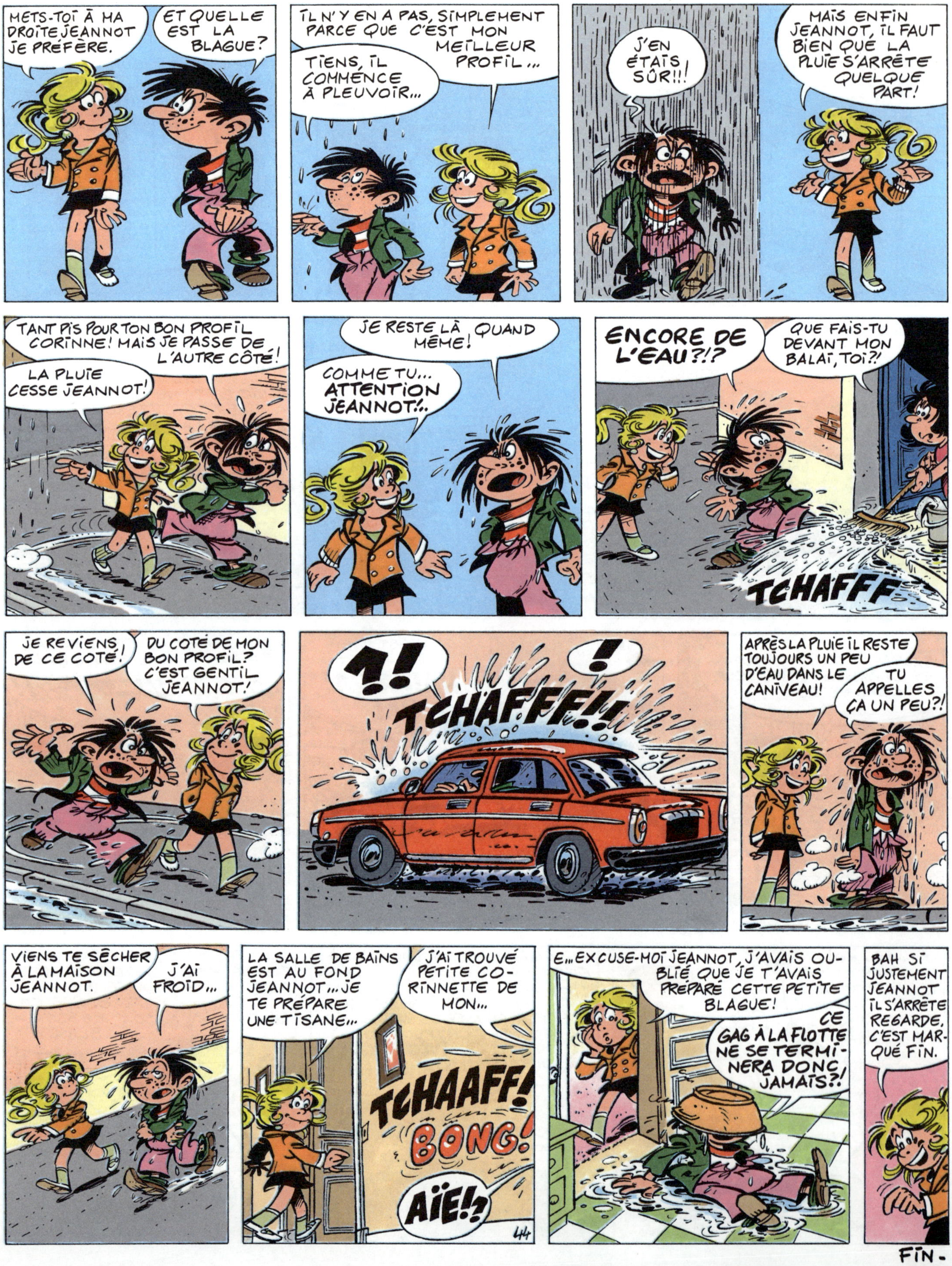

METS-TOI À MA DROITE JEANNOT JE PRÉFÈRE.
ET QUELLE EST LA BLAGUE?
IL N'Y EN A PAS, SIMPLEMENT PARCE QUE C'EST MON MEILLEUR PROFIL...
TIENS, IL COMMENCE À PLEUVOIR...
J'EN ÉTAIS SÛR!!!
MAIS ENFIN JEANNOT, IL FAUT BIEN QUE LA PLUIE S'ARRÊTE QUELQUE PART!
TANT PIS POUR TON BON PROFIL CORINNE! MAIS JE PASSE DE L'AUTRE CÔTÉ!
LA PLUIE CESSE JEANNOT!
JE RESTE LÀ QUAND MÊME!
COMME TU... ATTENTION JEANNOT!..
ENCORE DE L'EAU?!?
QUE FAIS-TU DEVANT MON BALAI, TOI?!
TCHAFFF
JE REVIENS DE CE COTÉ!
DU COTÉ DE MON BON PROFIL? C'EST GENTIL JEANNOT!
?!
!
TCHAFFF!!
APRÈS LA PLUIE IL RESTE TOUJOURS UN PEU D'EAU DANS LE CANIVEAU!
TU APPELLES ÇA UN PEU?!
VIENS TE SÉCHER À LA MAISON JEANNOT.
J'AI FROID...
LA SALLE DE BAINS EST AU FOND JEANNOT... JE TE PRÉPARE UNE TISANE...
J'AI TROUVÉ PETITE CORINNETTE DE MON...
TCHAAFF!
BONG!
AÏE!?
E... EXCUSE-MOI JEANNOT, J'AVAIS OUBLIÉ QUE JE T'AVAIS PRÉPARÉ CETTE PETITE BLAGUE!
CE GAG À LA FLOTTE NE SE TERMINERA DONC JAMAIS?!
BAH SI JUSTEMENT JEANNOT IL S'ARRÊTE REGARDE, C'EST MARQUÉ FIN.
FIN.

Dépôt légal 2e trimestre 1998
Éditeur n° 037

Directrice Colette TABARY
Imprimé en France par ***Partenaires-Livres*** ®

JE T'AIME MOI AUSSI !